Benz | Die Weiße Rose. 100 Seiten

* Reclam 100 Seiten *

WOLFGANG BENZ, geb. 1941, ist Zeithistoriker und Professor em. der Technischen Universität Berlin. Er leitete bis 2011 das Zentrum für Antisemitismusforschung in Berlin.

Wolfgang Benz

Die Weiße Rose. 100 Seiten

RECLAM

2017 Philipp Reclam jun. GmbH & Co. KG,
Siemensstraße 32, 71254 Ditzingen
Umschlaggestaltung: zero-media.net
Umschlagabbildung: FinePic®
Infografiken (S. 38 f., 92 f.): Infographics Group GmbH
Bildnachweis: S. 47: George (Jürgen) Wittenstein / akg-images

Textnachweis S. 68 f.: Franz J. Müller: Im Gefängnis – Erinnerungen.
In: Michael Kißener / Bernhard Schäfers (Hrsg.): »Weitertragen«.
Studien zur »Weißen Rose«. Konstanz 2001. S. 39–41.

Druck und Bindung: Eberl & Koesel GmbH & Co. KG,
Am Buchweg 1, 87452 Altusried-Krugzell
Printed in Germany 2021
RECLAM ist eine eingetragene Marke
der Philipp Reclam jun. GmbH & Co. KG, Stuttgart
ISBN 978-3-15-020450-4

Auch als E-Book erhältlich

www.reclam.de

Für mehr Informationen zur 100-Seiten-Reihe:
www.reclam.de/100Seiten

Inhalt

Ein Denkmal wird errichtet

Selbstverständlich war im Schubart-Gymnasium in Aalen, wo ich in den 1950er Jahren dem Abitur entgegenstrebte, von den Geschwistern Scholl und ihrem Freundeskreis, dem Widerstand der Weißen Rose die Rede. Das hatte Gründe in einer Zeit, in der man den noch kaum überwundenen oder überstandenen Nationalsozialismus lieber beschwieg als darüber zu sprechen. Das historische Ereignis gehörte quasi auch zur lokalen Geschichte, denn Ulm, der Heimatort von Sophie und Hans Scholl, war kaum 60 Kilometer entfernt. Auch der Generalfeldmarschall Rommel gehörte zum regionalen Erfahrungshorizont, und auch er galt als präsentabel, weil er auf Befehl Hitlers Selbstmord begehen musste. Ein anderer, der Schreinergeselle Georg Elser aus Königsbronn, das zwischen Aalen und Ulm liegt, wurde erst Jahrzehnte später als Widerstandskämpfer entdeckt und gewürdigt. Im Gegensatz dazu war der studentische Widerstand der Weißen Rose auch für die in Sachen Drittes Reich eher beklommenen und höchst unsicheren Studienräte der Nachkriegszeit sicheres Terrain. Die jungen Menschen der Weißen Rose waren Helden und ihr Mut war vom Unrechtsregime hart bestraft worden, das machte sie zu Vorbildern (oder wenigstens achtbaren Gestalten) in der keimenden Demokratie der gerade gegründeten Bundesrepublik.

Außerdem (das zu erkennen lag freilich noch weit außerhalb des Schülerhorizonts) wurde die Erinnerung an die Weiße Rose glänzend inszeniert und öffentlich gemacht. Inge Scholl, die ältere Schwester der hingerichteten Studenten Hans und Sophie Scholl, und Otl Aicher, Jugendfreund der Geschwister, der später Inge Scholl heiratete, stellten ihre Talente in den Dienst des Andenkens der Weißen Rose: Inge Scholl als Autorin des 1952 erstmals erschienenen und bis heute immer wieder neu aufgelegten Buches *Die Weiße Rose* und Otl Aicher als begnadeter Gestalter. Inge Scholl machte sich einen Namen mit der Gründung der Volkshochschule Ulm, Otl Aicher, der Bildhauerei studiert hatte, erregte als Graphiker und Designer Aufsehen mit der Gestaltung des Erscheinungsbildes der Olympischen Spiele 1972 und später des Zweiten Deutschen Fernsehens. Gemeinsam errichteten sie eine Stiftung zum Gedächtnis von Hans und Sophie Scholl. Diese Stiftung war Träger der Hochschule für Gestaltung, die als Legende in die Geschichte der frühen Bundesrepublik einging.

Die Hochschule für Gestaltung trat 1953 in Ulm ins Leben, und – das faszinierte mich mehr als der Mythos Weiße Rose –, sie knüpfte unmittelbar an die Idee des Bauhauses an, jener Kunst- und Design-Schule, die 1919 in Weimar im demokratischen Aufbruch nach dem Ersten Weltkrieg gegründet war, dann – 1925 – als Opfer reaktionären Kleingeistes nach Dessau auswich, schließlich auch dort vertrieben und 1933 in Berlin aufgelöst wurde, aber als international gefeierter Mythos weiterlebt. Die Ulmer Hochschule für Gestaltung war als Denkmal zu Ehren der jugendlichen Widerstandskämpfer Hans und

Sophie Scholl und ihrer Freunde gedacht, die mit ihrem Leben das Engagement für eine humane Gesinnung bezahlen mussten, die alles im Kampf gegen das Unrechtsregime des Nationalsozialismus riskiert hatten. Konservative bürgerliche Gegner des NS-Regimes, die so dachten wie die Münchner Studenten, gab es natürlich, aber sie waren weniger mutig, trauten sich nicht, sich erkennbar zu verweigern oder gar zu protestieren, ganz zu schweigen von handelndem Widerstand.

1968, im Jahr der Studentenrevolution, kam das Ende: Das Projekt einer privaten, unkonventionellen, unabhängigen Hochschule scheiterte. Die Erinnerung an die Geschwister Scholl und den studentischen Widerstand der Weißen Rose war aber etabliert. Straßen und Plätze waren nach ihr benannt, die Stadt München vergibt den Geschwister-Scholl-Preis, Schulen tragen die Namen der Widerstandskämpfer der einstigen jungen Generation. Der Freundeskreis Weiße Rose hat seinen Platz in Lehrplänen und Festreden, die Geschwister Scholl sind wie das Mädchen Anne Frank zu Kultfiguren geworden, die als Opfer der Barbarei und Zeugen eines »anderen Deutschland« und einer besseren Welt verehrt werden.

Diktatur und Krieg

Die Nationalsozialisten hatten bei ihrem Machterhalt 1933 zwar nicht die Mehrheit der deutschen Wähler hinter sich, aber sie wussten durch eine raffinierte Herrschaftstechnik, die Lockung und Zwang wirkungsvoll verband, Gegner und Oppositionelle auszuschalten. Das waren Sozialdemokraten, Kommunisten, Liberale und andere Demokraten, aber auch entschiedene Christen. Im Zeichen der NS-Rassenideologie waren Juden Unerwünschte, die erst diskriminiert, dann verfolgt wurden. Die Mehrheit der Deutschen ließ sich für die Ziele der Nationalsozialisten begeistern. Die Erfolge in der Außenpolitik, die Scheinerfolge in der Wirtschafts- und Sozialpolitik, das Ende der Arbeitslosigkeit und der innere Frieden in einer »Volksgemeinschaft«, der im Deutschen Reich zu herrschen schien, bestätigten die Nationalsozialisten und festigten ihre Herrschaft. Dass die Gegner des Regimes in Konzentrationslagern und Gefängnissen verschwanden oder auswandern mussten, berührte viele Menschen, die der NS-Herrschaft insgesamt oder teilweise zustimmten, wenig: Sie hatten ja nichts mit ihnen zu tun und kannten sie nicht.

Hitler wurde vom Jubel der nationalen Aufbruchstimmung getragen, von einem Widerstand aus dem Bürgertum war keine Rede, der Rückzug ins Private oder in die »innere Emigration« (eine Haltung der Nichtbeteiligung, stillen Abwehr und Verweigerung) schien Regimekritikern als einziger Ausweg. Viele gaben sich auch der trügerischen Hoffnung hin, die NS-Herrschaft könne nicht lange dauern – wegen der Unfähigkeit ihrer Funktionäre, wegen der überspannten außen- und militärpolitischen Ziele, wegen des Auslands, das die Provokationen und die Exzesse der Nationalsozialisten nicht endlos hinnehmen werde.

Als diese Hoffnung sich als trügerisch erwies, hatten die Nationalsozialisten längst alle öffentlichen Einrichtungen nach ihrem Willen umgebaut oder beseitigt, den Rechtsstaat zerstört, einen Herrschaftsapparat aufgebaut, der als Staat im Staate funktionierte, mit eigenen Ausführungsorganen wie der »Schutzstaffel« (SS), der Geheimen Staatspolizei (Gestapo), dem System der Konzentrationslager, womit sie Gegner einschüchtern, einsperren und vernichten konnten.

Wichtiger noch als der Zwang waren aber die Lockungen des Regimes. Aufmärsche und Kundgebungen hielten den nationalistischen Jubel am Leben, Organisationen wurden gegründet wie »Kraft durch Freude«, die den Arbeitern bisher unbekannte Freizeiterlebnisse bescherten. Das bestätigte die Begeisterung über die »nationale Revolution« und stärkte die Hoffnungen auf eine glänzende Zukunft. Sinnbild für den Aufschwung waren die Autobahnen. Tatsächlich war das nationalsozialistische »Wirtschaftswunder« verursacht durch die Aufrüstung, die Vollbeschäftigung und Wachstum brachte. Und es war nicht, wie die Propaganda verkündete, eine menschenfreundliche Sozialpolitik, sondern Hitlers Wille zum Krieg, der die Entwicklung bestimmte.

Die nationalsozialistische Diktatur war keineswegs wie

eine Naturkatastrophe über die Deutschen gekommen, wie viele gerne glauben wollten. Die NS-Herrschaft wurde schrittweise verwirklicht, und Hitler hatte sich die Ermächtigung zum Umbau von Staat und Gesellschaft vom Reichstag geben lassen: »Nun, Deutsches Volk, gib uns die Zeit von vier Jahren, und dann urteile und richte uns!« Was im Taumel der vermeintlich »nationalen Revolution« dem künftigen Diktator gewährt wurde, konnte aber nicht mehr zurückgenommen werden.

Mit Schlagworten wie dem, dass nun alle Deutschen in der »Volksgemeinschaft« vereint seien, wurden die wahren Absichten des Regimes vertuscht. Die Aufmärsche und Kundgebungen, die prunkvollen Reichsparteitage in Nürnberg, der Mutterkult, die Uniformen und Fahnen dienten einem Zweck: der Einordnung der Deutschen in ein System, in dem nur Befehl und Gehorsam galten. Junge Männer waren in der Hitlerjugend organisiert, es folgten der Arbeitsdienst und die Wehrpflicht, Mädchen mussten in den Bund Deutscher Mädel (BDM), junge Frauen hatten ein Pflichtjahr in der Land- oder Hauswirtschaft zu absolvieren oder dienten im weiblichen Arbeitsdienst. Für alle Bereiche des Lebens gab es eine nationalsozialistische Organisation, in der man Mitglied werden konnte oder der man zwangsweise über seinen Beruf angehören musste. Man wurde »ausgerichtet«, war »gleichgeschaltet«, wurde »weltanschaulich geschult« und war bis in die Freizeit hinein reglementiert.

Außenpolitische Ziele waren die Vergrößerung Deutschlands auf Kosten der Nachbarn, die Gewinnung von »Lebensraum«, die Vorherrschaft über andere Nationen. Schritte dazu waren die Annexion Österreichs 1938, dann die Zerschlagung der Tschechoslowakei. Hitler wollte Krieg, um weiteres Gebiet zu erobern. Und dieser Krieg wurde seit 1934 planmäßig vorbereitet. Im August 1939 wurde der Hitler-Stalin-Pakt geschlossen, ein Nichtangriffs-Bündnis zwischen dem Deutschen Reich und der Sowjetunion. Die Welt staunte, denn Hitler hatte nie einen Zweifel daran gelassen, dass der Kommunismus der größte Feind des Nationalsozialismus sei. Der Vertrag hatte jedoch nur den praktischen Zweck, die Hände frei zu haben zum Überfall auf Polen und um die Beute mit Stalin zu teilen. Zwei Jahre später, im Juni 1941, wurde die Sowjetunion selbst überfallen.

Nach dem deutschen Überfall auf Polen im Herbst 1939 wurde Polen als Staat ausgelöscht. Die polnischen Westgebiete wurden Deutschland einverleibt, das Zentrum des Landes wurde als »Generalgouvernement« vom Deutschen Reich als eine Art Kolonie verwaltet und beherrscht. Aus den annektierten Westgebieten wurde die polnische Bevölkerung vertrieben, Juden wurden in abgeriegelte Wohngebiete (Ghettos) eingesperrt, ehe sie in die KZ und Vernichtungslager deportiert und dort ermordet wurden. Im April 1940 wurden Dänemark und Norwegen ohne Kriegserklärung besetzt, im Mai 1940 traf das gleiche Schicksal Belgien, Luxemburg und die Niederlande, die als neutrale Nationen überfallen und deutscher Herrschaft unterstellt wurden. Nach der Niederlage im »Blitzkrieg« wurde im Juni 1940 auch Frankreich von Berlin aus kontrolliert.

Für den Osten Europas, für die slawische Bevölkerung, die Tschechen und Polen, Serben und Kroaten, Ukrainer, Russen, Weißrussen, deren Länder in deutsche Hand fielen, galten nun die Grundsätze unbedingter deutscher Herrschaft, und die Methoden dazu waren Unterdrückung, Ausbeutung und Versklavung der Brauchbaren, Ausrottung der Unerwünschten.

Die einheimische Bevölkerung wurde nur als Kriegsbeute, als Reservoir billiger Arbeitskraft betrachtet. Millionen Menschen wurden aus Osteuropa als Zwangsarbeiter nach Deutschland verschleppt.

Die rassistische Weltanschauung des Nationalsozialismus wurde zuerst gegenüber den Juden in Taten umgesetzt. In Deutschland lebten etwa eine halbe Million Menschen (0,5 Prozent der Gesamtbevölkerung), die sich zur jüdischen Religion bekannten, nichts unterschied sie sonst von anderen Deutschen. Zuerst wurden sie aus Wirtschaft und Gesellschaft, aus ihren Berufen verdrängt, damit wurde Druck ausgeübt, dass sie Deutschland verließen. Die Maßnahmen der Diskriminierung erfolgten ohne Protest der deutschen Bürger, wurden, da formal »legal«, als neues »Recht« hingenommen. Im April 1938 mussten Juden ihre Vermögen deklarieren, ab Mai 1938 waren sie von öffentlichen Aufträgen ausgeschlossen, im Juli gab es einen besonderen Ausweis für sie, im August erging die Verordnung zur Führung der zusätzlichen Zwangsvornamen Sarah bzw. Israel. Zusätzliche Schikanen dachten sich Bürgermeister und Ortsgruppenleiter der NSDAP aus, wie die Schilder am Ortseingang »Juden unerwünscht« oder die Parkbänke mit der Aufschrift »Nur für Arier«, oder das Verbot für Juden, städtische Badeanstalten zu benutzen.

Im Krieg radikalisierte sich die Verfolgung. Ab Herbst 1939 war das besetzte Polen das Experimentierfeld des Vernichtungskampfes gegen Juden. Ab Herbst 1941 wurden die Juden in die besetzten Gebiete im östlichen Europa deportiert. Das wollten die Machthaber geheim halten, aber auch ohne Kenntnis dessen, was im Einzelnen geschah, wussten die Deutschen vom Judenmord oder ahnten ihn. Urlauber von der Ostfront erzählten, was sie gesehen hatten, die Stigmatisierung durch den Judenstern war unübersehbar, das Verschwinden von Nachbarn blieb nicht unbemerkt, die NS-Propaganda verhöhnte und verteufelte die Juden als Untermenschen – es war nicht möglich, von der Tragödie nichts zu bemerken. Die Ausrottung aller Juden Europas war beschlossen. Der Völkermord als Ziel der Rassenpolitik erreichte 1942–1944 den Höhepunkt, als in den Vernichtungslagern Juden aus ganz Europa mit Giftgas ermordet wurden.

Zu den Illusionen Hitlers und seiner Generale gehörte die Vorstellung, die Sowjetunion in einem »Blitzkrieg« wie 1939 Polen und 1940 Frankreich besiegen zu können. Der deutsche Angriff blieb jedoch schon im Winter 1941 vor Moskau stecken. Die Kriegserklärung an die USA besiegelte zur gleichen Zeit das deutsche Schicksal. Der Zweite Weltkrieg war für Deutschland längst verloren, obwohl die Wehrmacht noch in einzelnen Schlachten siegte. Im November 1942 war die sechste Armee der deutschen Wehrmacht, eine Viertel Million Mann, bei Stalingrad von sowjetischen Streitkräften eingekesselt worden. Am 2. Februar 1943 musste sie kapitulieren. 146 000 deutsche Soldaten waren gefallen, 100 000 gerieten bei Stalingrad in sowjetische Gefangenschaft. Die Niederlage war ein Ergebnis der militärischen Unfähigkeit und Sturheit Hitlers, der sich als »größter Feldherr aller Zeiten« feiern ließ, der sich nur mit liebedienerischen Generalen umgab, der sich nicht von militärischem Sachverstand beraten ließ und der dem Oberbefehlshaber der sechsten Armee, General Paulus, die Kapitulation verboten hatte, weil er von ihm und allen hohen Offizieren den »Heldentod« erwartete. Der Untergang bei Stalingrad sollte als Tragödie nach antikem Vorbild, als unausweichliches »Schicksal« dargestellt werden.

Hitler überließ dem Propagandaminister Goebbels die Aufgabe, die Ängste der Bevölkerung und die starke Beeinträchtigung der Siegeszuversicht zu bekämpfen. Goebbels erfüllte den Auftrag mit einer grandiosen Inszenierung am 18. Februar 1943. Er versetzte einige tausend ausgewählte fanatische Nationalsozialisten, die in den Berliner Sportpalast befohlen waren, mit seiner Rede in einen Taumel der Kriegsbegeisterung und stilisierte ihre minutenlang gebrüllte Zustimmung auf die Frage »Wollt ihr den totalen Krieg?« zum Gelöbnis der Nation an ihren Führer. Die Propaganda schlachtete das Ereignis aus als Bekenntnis der Deutschen zum Nationalsozialismus und als Durchhaltewillen. Ein anderes Ereignis am gleichen Tag wurde zur Sternstunde des Widerstands gegen das Unrechtsregime.

Tatbestand: Hochverrat und Feindbegünstigung

Verhaftung, Prozess und Urteil

Am Vormittag des 18. Februar 1943, eines Donnerstags, flatterten von der Galerie im zweiten Stock des Lichthofes im Hauptgebäude der Ludwig-Maximilians-Universität in München Flugblätter in die zentrale Eingangshalle hinab. Andere waren vor den Hörsälen ausgelegt. Der Text verwies auf die Katastrophe von Stalingrad, auf vermutete dreihundertdreißigtausend Gefallene der Wehrmacht, als Opfer der Hybris und des militärischen Unvermögens des Diktators Hitler. Aufgerufen wurden die Studierenden zum Widerstand gegen das NS-Regime. In flammenden Worten erinnerten die Verfasser an die Freiheitskriege gegen Napoleon. Der deutsche Name bleibe für immer geschändet, wenn die deutsche Jugend nicht aufstehe, Freiheit und Ehre wieder herstelle, die Schmach des Dritten Reiches räche und sühne und »ein neues geistiges Europa« aufrichte.

Ein pflichteifriger Hausmeister rief die Geheime Staatspolizei und ließ alle Türen des Gebäudes schließen. Es dauerte nicht lange, bis die Täter festgenommen waren. Der knapp 25-jährige Medizinstudent Hans Scholl und seine drei Jahre jüngere Schwester Sophie, Studentin der Biologie und Philosophie, wurden zum Verhör ins Wittelsbacher Palais, die Münchner Gestapo-Zentrale, gebracht und dann im Gefängnis Stadelheim festgesetzt. Schon vier Tage später, am Montag dem 22. Februar 1943, wurde ihnen und einem dritten, dem Medizinstudenten Christoph Probst, dem 24 Jahre alten Freund und Mitstreiter der Geschwister Scholl, der Prozess gemacht.

Es war ein Schauprozess, dessen Einzelheiten schwer zu rekonstruieren sind; vieles, was den Beteiligten in den Mund gelegt und in der späteren, die Tat der Studenten verklärenden Literatur dokumentiert ist, war schön erfunden. Der Volksgerichtshof mit seinem Präsidenten Dr. Roland Freisler, vier hochrangigen Beisitzern und einem Reichsanwalt war aus Berlin herbeigeeilt, um die Tat zu sühnen. Die Anklage lautete auf hochverräterische Feindbegünstigung, Vorbereitung zum Hochverrat und Wehrkraftzersetzung. Das Urteil, zu dem das Gericht unter Vorsitz des Präsidenten Roland Freisler nicht viel Zeit brauchte, lautete: »Die Angeklagten haben im Kriege in Flugblättern zur Sabotage der Rüstung und zum Sturz der nationalsozialistischen Lebensform unseres Volkes aufgerufen, defaitistische Gedanken propagiert und dadurch den Feind des Reiches begünstigt und unsere Wehrkraft zersetzt. Sie werden deshalb mit dem Tode bestraft. Ihre Bürgerehre haben sie für immer verwirkt.«

Ein zufälliger Besucher der Verhandlung, der Rechtsreferendar Leo Samberger, nahm mit Bestürzung wahr, dass er die Angeklagten vom Sehen aus Münchner Konzertsälen kannte. Er bewunderte die Haltung der Studierenden auf der Anklagebank und war entrüstet über die Justiz, die »beschämende Vernehmung« der Beschuldigten, das Desinteresse des Pflichtverteidigers und über die Inszenierung des Tribunals: »Die empörende Gesamttendenz des Vorsitzenden Freisler war, die Angeklagten immer wieder als eine Mischung von Dümmlingen und Kriminellen hinzustellen, wenn ihm dies bei ihrer Erscheinung auch sehr schwerfallen mußte … Es mußte eben jeder Verdacht zerstört werden, daß es sich um ehrenhafte Täter mit dem großen Ziel, das Volk zu Pflicht und Freiheit aufzurütteln, handeln könne.«

Die Verhandlung brachte zutage, dass die Angeklagten, teilweise mit Freunden, seit Sommer 1942 mit Flugblättern erst zur Verweigerung, dann zum aktiven Widerstand gegen den Nationalsozialismus und die Reichsregierung aufgerufen und den Eroberungs- und Vernichtungskrieg im Osten verurteilt hatten. Aber nicht nur die Verteilung von Flugblättern wurde Hans Scholl und seinen Freunden zur Last gelegt. Am 3., 8. und 15. Februar 1943 hatten sie nachts an vielen Stellen Münchens, vor allem an der Universität Parolen wie »Nieder mit Hitler« oder »Hitler der Massenmörder« und »Freiheit« in großen Lettern mit Teerfarbe an Wände gemalt.

Den Vater Robert Scholl ließ Freisler aus dem Gerichtssaal weisen. Ungewöhnlich und kennzeichnend für den politischen Charakter des Prozesses war auch, dass die drei Verurteilten bereits wenige Stunden nach der Verhandlung hingerichtet wurden. Die Arbeit an einem Gnadengesuch für Hans und Sophie war, ebenso wie für Christoph Probst, der verheiratet war und drei kleine Kinder hinterließ, schon deshalb vergeblich.

Die gleichgeschaltete und gelenkte Presse des Dritten Reichs berichtete lakonisch und konform wie die *Münchner*

Neuesten Nachrichten: »Der Volksgerichtshof verurteilte am 22. Februar 1943 im Schwurgerichtssaal des Justizpalastes den 24 Jahre alten Hans Scholl, die 21 Jahre alte Sophie Scholl, beide aus München, und den 23 Jahre alten Christoph Probst aus Aldrans bei Innsbruck, wegen Vorbereitung zum Hochverrat und wegen Feindbegünstigung zum Tode und zum Verlust der bürgerlichen Ehrenrechte. Das Urteil wurde am gleichen Tag vollzogen. Die Verurteilten hatten sich als charakteristische Einzelgänger durch das Beschmieren von Häusern mit staatsfeindlichen Aufforderungen und durch die Vorbereitung hochverräterischer Flugschriften an der Wehrkraft und dem Widerstandsgeist des deutschen Volkes in schamloser Weise vergangen. Angesichts des heroischen Kampfes des deutschen Volkes verdienen derartige verworfene Subjekte nichts anderes als den raschen und ehrlosen Tod.«

Reaktionen der Universität und der Studierenden

Die Politik, verkörpert durch den Gauleiter der NSDAP und bayerischen Ministerpräsidenten Paul Giesler, war an der schnellen Verurteilung der Täter interessiert. Der Volksgerichtshof war für das Delikt die zuständige Instanz, da Hans Scholl und seine Freunde aber Soldaten in einer Studentenkompanie waren, unterstanden sie der Wehrmachtsgerichtsbarkeit. Am 19. Februar 1943, dem Tag nach der Verhaftung der Geschwister in der Universität, erbat Gauleiter Giesler beim allmächtigen Chef der Parteikanzlei Martin Bormann eine Führerweisung an das Reichskriegsgericht, den Fall dem Volksgerichtshof zu übertragen. Dem wurde dadurch entsprochen, dass der Chef des OKW, Generalfeldmarschall Keitel, die Delinquenten aus der Wehrmacht ausschloss. Der Ausgang des Verfahrens vor dem Volksgerichtshof stand schon fest, wie aus der Korrespondenz Gieslers hervorgeht, der am 19. Februar die Erwartung aussprach »die Aburteilung in den nächsten Tagen hier und die Vollstreckung alsbald danach vorzunehmen«. Mit dem VGH-Prozess am 22. Februar und der Hinrichtung von Hans und Sophie Scholl am gleichen Tag war den Wünschen des Gauleiters voll und ganz entsprochen.

Die Universität legte parallel zu Partei und Staat größten Eifer an den Tag, sich der unliebsam aufgefallenen Mitglieder zu entledigen. Am 21. Februar 1943 beschloss der Strafausschuss der Ludwig-Maximilians-Universität den Ausschluss von Hans und Sophie Scholl aus der Alma Mater. In der gleichen an akademischen Institutionen unüblichen Eile entledigte sich die Universität in den folgenden Tagen der weiteren Mitglieder des Widerstandskreises. Rektor Walther Wüst teilte am 23. Februar dem Reichsminister für Wissenschaft, Erziehung und Volksbildung mit, dass im nächsten Verfahren die Angeklagten als »ehemalige Studenten« zu bezeichnen seien. Auch den am 27. Februar verhafteten Professor Kurt Huber schlossen die universitären Gremien rasch und gründlich aus. In der Sitzung der Dekane am 8. März 1943 verkündete der Rektor, er habe Huber den Professorentitel bereits entzogen. Entgegen dem Hochschulrecht wurde Huber auch der Doktorgrad aberkannt, der Verlust des kärglichen Salärs war nur eine Nebensache. In der Sache Huber waren sich Universität und Reichswissenschaftsministerium einig, dass er als bereits Geächteter und von der Universität Ausgestoßener vor Gericht erscheinen sollte. Die Universität Innsbruck, an der Christoph

Probst immatrikuliert war, verfuhr nicht anders und exmatrikulierte ihn »wegen aktiver kommunistischer Propaganda« nicht nur in Innsbruck, sondern schloss ihn von allen deutschen Hochschulen aus.

Das bürokratische Wüten der Obrigkeit war nicht erstaunlich. Zu fragen ist jedoch nach der Stimmung unter den Studierenden und nach etwaigen Reaktionen. Der Reichsstudentenführer und die absolut parteifromme »Deutsche Studentenschaft«, eine Gliederung der NSDAP, distanzierten sich von den oppositionellen Kommilitonen, die sie nicht als Studenten, sondern als »asoziale ehemalige Wehrmachtsangehörige« gesehen haben wollten. Um das Außenseitertum des widerständigen Freundeskreises zu dokumentieren und die Loyalität der Mehrheit zum Dritten Reich zu beweisen, wurde am Abend des 22. Februar 1943 im größten Hörsaal, dem Auditorium Maximum, eine Kundgebung anberaumt, zu der drei- bis viertausend Studierende erschienen. Die Rede des Studentenführers wurde in den Lichthof übertragen, da das Audimax dem Andrang nicht gewachsen war. Die Tiraden über die »Schandtaten« wurden mit brüllendem Beifall belohnt, ein verwundeter studentischer Soldat durfte als Idol der richtigen Gesinnung eine Ansprache halten, und als Held zeigte sich Jakob Schmid, der Universitätsschlosser, der Hans und Sophie Scholl festgenommen hatte, den Studierenden, denen er den Hitlergruß entbot. Das Fazit der Veranstaltung am 22. Februar musste lauten: Der Münchner Widerstandskreis war eine Gruppe von Außenseitern ohne erkennbare Wirkung seitens der jungen akademischen Elite, ohne die Resonanz, auf die sie so gehofft hatten. Erst nach dem Zusammenbruch des NS-Regimes sah man das anders.

Ein zweites Tribunal des Volksgerichtshofes gegen weitere

Mitglieder des studentischen Widerstandskreises wurde am 19. April 1943 inszeniert. 14 Angeklagte standen im Münchner Justizpalast vor dem Präsidenten des Volksgerichtshofs Freisler und seinen Beisitzern. Alexander Schmorell und Willi Graf, die beiden Medizinstudenten aus dem Freundeskreis der Geschwister Scholl, und Professor Kurt Huber, der Verfasser des sechsten und letzten Flugblattes, wurden zum Tod verurteilt. Kurt Hubers Verteidiger, Lorenz Roder, der dienstälteste nationalsozialistische Rechtsanwalt im Deutschen Reich, der 1924 Hitler in dessen Hochverratsprozess vertreten hatte, legte aus Entrüstung über die schwere Beleidigung des Führers, von der er jetzt erst Kenntnis erhalten habe, nach Beginn der Verhandlung das Mandat nieder und verließ den Gerichtssaal. Schmählich verhielt sich auch der Historiker Karl Alexander von Müller, den Professor Huber als Entlastungszeugen gebeten hatte. Der prominente Nazi Müller verweigerte den Freundesdienst. Von den anderen Angeklagten erhielten einer (Eugen Grimminger) zehn und zwei weitere (Dr. Heinrich Bollinger und Helmut Bauer) je sieben Jahre Zuchthaus. Die Schüler Hans Hirzel und Franz Joseph Müller aus Ulm, beide 19 Jahre alt, bekamen jeweils fünf Jahre Gefängnis, ein weiterer Ulmer Schüler, der 18-jährige Heinrich Guter, musste für 18 Monate ins Gefängnis. Drei junge Frauen, die Studentinnen Gisela Schertling, Katharina Schüddekopf und Traute Lafrenz, 21, 27 und 24 Jahre alt, die »dasselbe verbrochen« hatten, wurden dafür »als Mädchen« zu (»nur«) einem Jahr Gefängnis verurteilt. Pauschal beschimpfte Freisler die Angeklagten als »dumme Jungen und dumme Mädels«, nannte einen von ihnen einen »unreifen Wirrkopf«. Die Ulmer Gymnasiastin Susanne Hirzel wurde zu einem halben Jahr Gefängnis verurteilt für die Mithilfe bei der Verteilung von Flugblättern, von denen sie in »unverzeihlicher Gutgläubigkeit nicht gewußt habe, dass sie hochverräterisch waren«.

Sogar einen Freispruch gab es, und zwar für den promovierten Chemiker Falk Harnack, der am Theater tätig war und nach dem Krieg als Regisseur wichtiger Filme berühmt wurde. Harnack habe zwar Kenntnis von den »hochverräterischen Umtrieben« gehabt, diese aber nicht angezeigt. In seinem Fall entschied das Gericht, lägen »so einmalig besondere Verhältnisse« vor, dass man ihn nicht bestrafen könne. (Hintergrund des unerwarteten Zartgefühls der VGH-Richter war, dass Falk Harnacks älterer Bruder Arvid und dessen Frau Mildred dem Widerstandskreis »Rote Kapelle« angehörten. Arvid war vom VGH am 19. Dezember 1942 zum Tod verurteilt und drei Tage später auf ausdrücklichen Befehl Hitlers in Berlin-Plötzensee am Galgen hingerichtet worden. Mildred wurde zu einer Zuchthausstrafe verurteilt. Hitler hob ihr Urteil jedoch auf und ließ sie in einem zweiten Prozess zum Tode verurteilen. Sie wurde am 16. Februar 1943 hingerichtet. Im Publikum des Prozesses gegen die Weiße Rose hätte die Verurteilung des Bruders und Schwagers in zwar anderem Zusammenhang, aber doch wegen Opposition zum Regime, unerwünschte Spekulationen über ausgedehnte Widerstandsaktivitäten nähren können.)

Im Spruch des Volksgerichtshofs am 19. April 1943 wurde der volle Wortlaut der Urteilsbegründung gegen die Geschwister Scholl und Christoph Probst vom 22. Februar 1943 zitiert, um den Zusammenhang der beiden Verfahren und die darin praktizierte Staatsräson zu verdeutlichen: »Wer so, wie die Angeklagten, getan haben, hochverräterisch die innere Front und damit im Kriege unsere Wehrkraft zersetzt und dadurch den Feind des Reiches begünstigt […] erhebt den Dolch, um ihn in den Rücken der Front zu stoßen! [...] Wer so handelt, versucht gerade jetzt, wo es gilt, ganz fest zusammenzustehen, einen ersten Riß in die geschlossene Einheit unserer Kampffront zu bringen. Und das taten deutsche Studenten, deren Ehre allezeit das Selbstopfer für Volk und Vaterland war! Wenn solches Handeln anders als mit dem Tode bestraft würde, wäre der Anfang einer Entwicklungskette gebildet, deren Ende einst – 1918 – war. Deshalb gab es für den Volksgerichtshof zum Schutze des kämpfenden Volkes und Reiches nur eine gerechte Strafe: die Todesstrafe. Der Volksgerichtshof weiß sich darin mit unseren Soldaten einig!«

Damit begnügte sich der Volksgerichtshof aber nicht. Über die am 19. April Verurteilten wurde auch einzeln und gründlich der Stab gebrochen. Den drei Hauptangeklagten hielt Freisler vor: »Wer als Professor oder Student so den Führer beschimpft, gehört nicht mehr zu uns. Wer so den Nationalsozialismus begeifert, hat keinen Platz mehr zwischen uns. Wer so mit seinen hochverräterischen Ausgeburten eines volksfeindlichen Gehirns im Kriege unsere Geschlossenheit und Kampfentschlossenheit aufspaltet, der nagt an unserer Wehrkraft; er hilft dem Feind in diesem Krieg.« Diese erste Gruppe, Alexander Schmorell, Wilhelm Graf und Kurt Huber, bildete nach Ansicht des Gerichts »den Kern der Dolchstoß-Organisation«. Wegen ihrer Kenntnis des »volksfeindlich-hochverräterischen Unternehmens«, wegen dessen Nichtanzeige, wegen Abhörens feindlicher Rundfunksender wurde die zweite Gruppe der Angeklagten »um der Sicherheit des Reiches willen«, wie es im Urteil heißt, mit Zuchthausstrafen belegt. Die dritte Gruppe der Beschuldigten wurde als Mitwisser drakonisch mit Gefängnis bestraft und als »dumme Jungen und dumme Mädels« verhöhnt, durch die aber »die Sicherheit des Reiches« nicht ernstlich gefährdet sei. Die Todesurteile gegen den Studenten Alexander Schmorell und gegen Professor Kurt Huber wurden am 13. Juli 1943 vollstreckt. Willi Graf wurde erst am 12. Oktober 1943 hingerichtet.

Studentischer Widerstand
Die Flugblätter der Weißen Rose

An den deutschen Universitäten war nur wenig Opposition gegen den Nationalsozialismus zu bemerken. Die Studentenschaft hatte die Hitler-Bewegung weithin begeistert begrüßt und ihr schon vor 1933 die Wege in den Hochschulen geebnet. Erst im Krieg regte sich studentischer Protest. Es war eine andere Studentengeneration als jene, die am Ende der Weimarer Republik die »nationale Revolution« wollte und sich für die Hitlerbewegung begeisterte. Die wichtigste Widerstandsgruppe, die das größte öffentliche Aufsehen erregte, nannte sich »Die Weiße Rose«, sie war in München aktiv. Den Kern dieser Gruppe bildeten fünf Studenten, zwischen 21 und 25 Jahre alt: Hans und Sophie Scholl, Willi Graf, Christoph Probst und Alexander Schmorell. Ihr Mentor war Professor Kurt Huber, der schon vorher mit den Nationalsozialisten in Konflikt geraten war. Zum weiteren Kreis der Weißen Rose gehörten noch etwa ein Dutzend Studenten, Intellektuelle, Künstler und Schüler aus dem Ulmer Bekanntenkreis der Geschwister Scholl. Es war ein nicht organisierter Freundeskreis wohlerzogener, ernsthafter junger Menschen unter dem Einfluss bildungsbürgerlicher Eltern und Lehrer. Der Name

6.

Flugblätter der Widerstandsbewegung in Deutschland.

Aufruf an alle Deutsche!

Der Krieg geht seinem sicheren Ende entgegen. Wie im Jahre 1918 versucht die deutsche Regierung alle Aufmerksamkeit auf die wachsende U-Bootgefahr zu lenken, während im Osten die Armeen unaufhörlich zurückströmen, im Westen die Invasion erwartet wird. Die Rüstung Amerikas hat ihren Höhepunkt noch nicht erreicht, aber heute schon übertrifft sie alles in der Geschichte seither Dagewesene. Mit mathematischer Sicherheit führt Hitler das deutsche Volk in den Abgrund. Hitler kann den Krieg nicht gewinnen, nur noch verlängern! Seine und seiner Helfer Schuld hat jedes Mass unendlich überschritten. Die gerechte Strafe rückt näher und näher!

Was aber tut das deutsche Volk? Es sieht nicht, und es hört nicht. Blindlings folgt es seinen Verführern ins Verderben. Sieg um jeden Preis, haben sie auf ihre Fahne geschrieben. Ich kämpfe bis zum letzten Mann, sagt Hitler - indes ist der Krieg bereits verloren.

Deutsche! Wollt Ihr und Eure Kinder dasselbe Schicksal erleiden, das den Juden widerfahren ist? Wollt Ihr mit dem gleichen Masse gemessen werden, wie Eure Verführer? Sollen wir auf ewig das von aller Welt gehasste und ausgestossene Volk sein? Nein! Darum trennt Euch von dem nationalsozialistischen Untermenschentum! Beweist durch die Tat, dass Ihr anders denkt! Ein neuer Befreiungskrieg bricht an. Der bessere Teil des Volkes kämpft auf unserer Seite. Zerreisst den Mantel der Gleichgültigkeit, den Ihr um Euer Herz gelegt! Entscheidet Euch, eh' es zu spät ist!

»Weiße Rose« sei willkürlich gewählt, sagte Hans Scholl in der Vernehmung zur Gestapo. Er sei davon ausgegangen, »dass in einer schlagkräftigen Propaganda gewisse feste Begriffe da sein müssen, die an und für sich nichts besagen, einen guten Klang haben, hinter denen aber ein Programm steht«. Möglicherweise habe er gefühlsmäßig den Namen gewählt, unter dem Lektüreeindruck der spanischen Romanzen von Brentano *Die Rosa Blanca*. Der Name des Widerstandskreises war nach Erkenntnissen eines späteren modernen Marketing gebildet, romantisch war er allemal.

Im Juni und Juli 1942 tauchten in München nacheinander vier Flugblätter auf, verfasst im Wesentlichen von den beiden Medizinstudenten Hans Scholl und Alexander Schmorell. Diese Flugblätter richteten sich an das gebildete Bürgertum, aus dem die Verfasser stammten. In pathetischer Sprache, mit vielen Zitaten aus der klassischen Literatur und christlich-moralischen Appellen wurde zum passiven Widerstand gegen den verbrecherischen Krieg des Hitler-Regimes aufgerufen. Die christlich-humane Prägung der Studenten aus konservativem Elternhaus war unverkennbar. Ebenso der aus der bündischen Jugendbewegung stammende moralische Rigorismus. Idealismus und das unbedingte Bekenntnis zu einer christlichen Humanität charakterisierten die Münchner Studenten.

Der Text des ersten Flugblatts stammt zum größeren Teil von Friedrich Schiller (*Die Gesetzgebung des Lykurgus und Solon*) und von Goethe (*Des Epimenides Erwachen*). Das offenbart die humanistische Bildung der beiden Verfasser, für die auch jener beschwörende Ton charakteristisch ist, der in Abituraufsätzen gepflegt wurde, als Bildung das so wertgeschätzte wie selbstverständliche Privileg des Bürgertums war. Mithilfe der beiden ausführlich zitierten Klassiker wird die Freiheit des

Individuums als Ideal gegenüber dem Machtanspruch des Staates beschworen. Die in hohem Ton vorgetragene Klage über die eines Kulturvolkes unwürdige Preisgabe des freien Willens an die verantwortungslose Herrscherclique mündet in den Appell: »Leistet passiven Widerstand – Widerstand –, wo immer Ihr auch seid, verhindert das Weiterlaufen dieser atheistischen Kriegsmaschine, ehe es zu spät ist, ehe die letzten Städte ein Trümmerhaufen sind, gleich Köln, und ehe die letzte Jugend des Volkes irgendwo für die Hybris eines Untermenschen verblutet ist. Vergeßt nicht, dass ein jedes Volk diejenige Regierung verdient, die es erträgt!«

Das Gebot zum Widerstand wird als Antithese zu Goethe, der von den Deutschen als einem tragischen Volke, gleich dem der Juden und Griechen spreche, begründet. Es scheine, als sei das deutsche Volk »eine seichte willenlose Herde von Mitläufern, bereit sich in den Untergang hetzen zu lassen«. Tatsächlich habe man aber »in langsamer, trügerischer, systematischer Vergewaltigung jeden einzelnen in ein geistiges Gefängnis gesteckt, und erst als er darin gefesselt lag, wurde er sich des Verhängnisses bewußt. Wenige nur erkannten das drohende Verderben, und der Lohn für ihr heroisches Mahnen war der Tod.«

Die Metapher »Vergewaltigung«, die als Indiz für die Ohnmacht der vom Nationalsozialismus beherrschten Deutschen dient, wird von den Verfassern des ersten Flugblatts der Weißen Rose nicht in dem Sinne verwendet, den er in jenen Beteuerungen nach 1945 bekam, dass man nichts habe machen können, dass Widerstand gegen das Regime wegen des herrschenden Terrors nicht nur zwecklos, sondern ganz unmöglich gewesen sei. Die Münchner Studenten Schmorell und Scholl wollten im Gegenteil aufrütteln, noch nicht zum Kampf, aber doch zur Verweigerung weiterer Gefolgschaft für ein als verbrecherisch erkanntes Regime.

Das zweite Flugblatt, von Alexander Schmorell und Hans Scholl verfasst, wurde zur gleichen Zeit wie das erste und das dritte zwischen dem 27. Juni und dem 12. Juli 1942 in München in der bescheidenen Auflage von 100 Exemplaren (mit der Bitte, es »mit möglichst vielen Durchschlägen abzuschreiben und weiter zu verteilen«) vertrieben. Die Flugblätter wurden mit der Post an zufällig aus Adressbüchern gewonnene Anschriften gesandt. In der vierten Aussendung wurde zur Beruhigung der Adressaten mitgeteilt, dass nirgendwo schriftliche Unterlagen über den Empfängerkreis existierten.

Auch der zweite Text der studentischen Opposition, dessen Diktion Alexander Schmorell als Hauptautor erkennen lässt (ebenso wie wieder der vierte), steht in feierlichem Ton. Die Metaphorik der Zeit ist unverkennbar. Das einleitende Verdikt über die Ungeistigkeit des Nationalsozialismus benutzt die Metapher »Krebsgeschwür«, das den ganzen Körper der Nation nach seinem Aufbrechen besudelt habe. In der Folge »versteckte sich die Mehrzahl der früheren Gegner, flüchtete die deutsche Intelligenz in ein Kellerloch, um dort als Nachtschattengewächs, dem Licht und der Sonne verborgen, allmählich zu ersticken.« Aber erstmals werden Verbrechen des NS-Staats benannt. Vom Judenmord ist die Rede und von der Vernichtung polnischer Eliten. Die Frage »Warum verhält sich das deutsche Volk angesichts all dieser scheußlichsten menschenunwürdigsten Verbrechen so apathisch?« führt zu dem Postulat, nicht nur Mitleid, sondern Mitschuld zu empfinden: denn der nicht engagierte Deutsche gebe »durch sein apathisches Verhalten diesen dunklen Menschen erst die Möglichkeit, so zu handeln, er leidet diese ›Regierung‹, die eine so unendliche

Schuld auf sich geladen hat, ja, er ist doch selbst schuld daran, dass sie überhaupt entstehen konnte!« Die Aufforderung, die »braune Horde auszurotten«, die »Bestien zu vertilgen«, die Regierung »aus der Welt zu schaffen« ließ den früheren Appell zur passiven Resistenz weit hinter sich. Jetzt wurde Widerstand gefordert, in aller Konsequenz.

In der folgenden, der dritten Aussendung wurde nach gründlicher Definition und Erwägung über die ideale Staatsform und deren Ziel konstatiert, man lebe unter einer »Diktatur des Bösen«. In der Stilistik Hans Scholls wurden dann Argumentationsmuster und Handlungsmöglichkeiten beschrieben, die zwar wieder als »passiver Widerstand« deklariert waren, aber eindeutig mehr bedeuteten, nämlich »Sabotage in Rüstungs- und kriegswichtigen Betrieben«, in Versammlungen und Kulturveranstaltungen der NSDAP, in Universitäten, Forschungsanstalten, technischen Büros. Die Aufforderung, Bekannte (»auch aus den unteren Volksschichten«) von der Sinnlosigkeit des Krieges zu überzeugen, war, nicht anders als der Sabotage-Appell, in den Augen des Regimes und nach geltendem Recht als Landesverrat strafbar, wenn nicht als Hochverrat. Weitere Delikte nach dem Strafgesetzbuch, die von den Nationalsozialisten eingeführt worden waren, hießen »Heimtücke« und »Wehrkraftzersetzung« und machten Aufforderungen und Handlungen, wie im Flugblatt der Weißen Rose angedeutet, strafbar. Die theoretische Erörterung über den gerechten Staat, eingeleitet mit dem Zitat »Salus publica suprema lex« (»Das Gemeinwohl ist oberstes Gesetz«), beschreibt den Staat als Analogie der göttlichen Ordnung und verkündet daraus resultierend eine moralische Pflicht, ein verderbtes System, ein »mechanisiertes Staatsgetriebe, kommandiert von Verbrechern und Säufern« nicht zu dulden. »Ist euer Geist schon so sehr der Vergewaltigung unterlegen, dass Ihr vergeßt, dass es nicht nur euer Recht, sondern eure sittliche Pflicht ist, dieses System zu beseitigen?« Das war kein Appell zum Tyrannenmord, sondern zum kollektiven zivilen Ungehorsam.

Das vierte und letzte der *Flugblätter der Weißen Rose* fanden Münchner in den Tagen vom 11. bis zum 20. Juli 1942 in ihren Briefkästen. Stärker als in den bisherigen Texten kommt die religiöse Grundhaltung der Autoren zum Ausdruck. Stärker ist aber auch, in der literarischen Handschrift Schmorells, der Bezug zu aktuellen Ereignissen. Militärische Erfolge der Wehrmacht in Afrika und Russland boten Anlass zur Sorge, artikuliert als Hinweis auf die Opfer, die Hitler in einen sinnlosen Tod getrieben habe. In biblischer Sprache wird der Diktator dafür verurteilt: »Jedes Wort, das aus Hitlers Munde kommt, ist Lüge. Wenn er Frieden sagt, meint er den Krieg, und wenn er in frevelhaftester Weise den Namen des Allmächtigen nennt, meint er die Macht des Bösen, den gefallenen Engel, den Satan. Sein Mund ist der stinkende Rachen der Hölle, und seine Macht ist im Grunde verworfen.«

Der Aufruf zum Kampf gegen die Macht Hitlers, wider den Dämon, christlichem Gebot folgend, ist bekräftigt mit einem langen Novalis-Zitat, das ein aus dem Geist der Religion wiedererwecktes Europa beschwört. Das Flugblatt endet mit der Darlegung der Motive der Widerstandsaktion: »Wir weisen ausdrücklich darauf hin, daß die Weiße Rose nicht im Solde einer ausländischen Macht steht. Obgleich wir wissen, daß die nationalsozialistische Macht militärisch gebrochen werden muß, suchen wir eine Erneuerung des schwerverwundeten deutschen Geistes von innen her zu erreichen. Dieser Wiedergeburt muß aber die klare Erkenntnis aller Schuld, die das deutsche Volk auf sich geladen hat, und ein rücksichtsloser

Kampf gegen Hitler und seine allzuvielen Helfershelfer, Parteimitglieder, Quislinge usw. vorausgehen. Mit aller Brutalität muß die Kluft zwischen dem besseren Teil des Volkes und allem, was mit dem Nationalsozialismus zusammenhängt, aufgerissen werden. Für Hitler und seine Anhänger gibt es auf dieser Erde keine Strafe, die ihren Taten gerecht wäre. Aber aus Liebe zu kommenden Generationen muß nach Beendigung des Krieges ein Exempel statuiert werden, daß niemand auch nur die geringste Lust je verspüren sollte, Ähnliches aufs neue zu versuchen. Vergeßt auch nicht die kleinen Schurken dieses Systems, merkt Euch die Namen, auf daß keiner entkomme! Es soll ihnen nicht gelingen, in letzter Minute noch nach diesen Scheußlichkeiten die Fahne zu wechseln und so zu tun, als ob nichts gewesen wäre!«

Nach einer Pause von einem halben Jahr erschienen in der weitaus höheren Auflage von 10 000 bis 12 000 hektographierten Exemplaren im Januar und Februar 1943 zwei weitere Flugblätter in neuer Diktion. Vom 25. Januar bis 18. Februar wurde in München, Augsburg, Salzburg, Wien, Linz, Stuttgart und Frankfurt am Main ein Text verbreitet, der überschrieben war: *Flugblätter der Widerstandsbewegung in Deutschland. Aufruf an alle Deutsche!* Vom 15. Februar bis 18. Februar 1943 folgte in etwa 3000 Exemplaren, die vor allem im Bereich der Ludwig-Maximilians-Universität in München verbreitet wurden, der Aufruf *Kommilitonen! Kommilitoninnen!* Dem Autorenduo Hans Scholl und Alexander Schmorell hatte sich ein dritter Verfasser zugesellt, Professor Dr. Kurt Huber. Am *Aufruf an alle Deutsche!* hatte er mitgewirkt, das Flugblatt *Kommilitonen! Kommilitoninnen!* stammte ganz überwiegend aus seiner Feder. Sprache und Bildung beeindruckten auch den Sachverständigen, den die Gestapo als Gutachter am 17. Februar (zum fünften und sechsten Flugblatt) und am 18. Februar (über die ersten vier Flugblätter) mit der Analyse beauftragte.

Als Experte fungierte der regimenahe Altphilologe Richard Harder, seit 1941 Inhaber des Lehrstuhls für klassische Altertumswissenschaft und Gründungsbeauftragter eines ideologiekonformen Instituts für Geistesgeschichte. Harder attestierte den regimefeindlichen Traktaten hohes intellektuelles Niveau, vermutete scharfsinnig, dass die Flugblätter im Umkreis der Universität entstanden waren, bemerkte jedoch nicht, dass an allen Texten mehrere Verfasser beteiligt waren. Für ihn stand auch fest, dass »der Autor« Geisteswissenschaftler oder Theologe sein musste. Die intellektuelle Position des Flugblatts vermutete der Sachverständige im Umkreis des Publizisten Wilhelm Stapel, der in der »konservativen Revolution« gegen die Weimarer Republik agitierte, einen christlichen (und antisemitischen) Nationalismus propagierte, aber nach 1933 in Gegensatz zu den Nationalsozialisten geriet. Die beiden Expertisen Harders spielten bei den Ermittlungen und vor Gericht keine Rolle, da schon am 18. Februar die Verhaftung der Geschwister Scholl und bald auch ihrer Freunde erfolgte.

Unter dem Eindruck der sich abzeichnenden Katastrophe von Stalingrad war der *Aufruf an alle Deutsche!* präziser intoniert und stringenter formuliert als die vier *Flugblätter der Weißen Rose.* Die Botschaft lautete, Hitler könne den Krieg nicht mehr gewinnen, nur noch verlängern. Es sei höchste Zeit, sich »von dem nationalsozialistischen Untermenschentum« zu trennen, um in dem Strafgericht nach der deutschen Niederlage bestehen zu können. Der Terminus »Untermensch«, der nicht zum ersten Mal in einem Appell der Münchner Widerstandsgruppe verwendet war, gibt Anlass, darüber nachzudenken, wie sehr die Sprache des Nationalsozialismus auch in die Ausdruckswelt seiner Gegner eingedrungen ist. Irritierender noch ist für den heutigen Leser die Wendung »Deutsche! Wollt Ihr und Eure Kinder dasselbe Schicksal erleiden, das den Juden widerfahren ist?« Auch dem Experten Professor Harder, der im Auftrag der Gestapo das Flugblatt begutachtete, fiel auf, wie über die Juden gesprochen wurde: keineswegs in philosemitischer Haltung »und keineswegs unter Verwendung der sentimentalen Gefühlsargumente, die gerade zu diesem Punkt im Ausland umlaufen«.

Vernünftig war, aus moralischen Gründen und aus der Perspektive jeder künftigen Betrachtung Deutschlands von außerhalb und aller internationalen Konsequenzen, die Aufforderung zum inneren Befreiungskrieg gegen den Nationalsozialismus, wenngleich wenig realistisch. Die Prophezeiung, »ein schreckliches, aber gerechtes Gericht« werde kommen über die, »so sich feig und unentschlossen verborgen hielten« atmete eher den Geist protestantischer Theologie als den einer Realität, die 1943 von den Alliierten, die Krieg gegen NS-Deutschland führten, erst noch verkündet werden sollte: Ein internationales Strafgericht sollte die Schuldigen, die Urheber nationalsozialistischer Verbrechen und Zerstörer des Friedens, verurteilen. Damit wurde der Prozess gegen die »Hauptkriegsverbrecher«, d. h. gegen die deutsche politische und militärische Führung angekündigt, der ab 1946 in Nürnberg geführt wurde.

Die Absage an imperialistisches Machtdenken, preußischen Militarismus, das »Truggebilde autarker Wirtschaft« war als Konzept einer humanen Nachkriegsordnung sympathisch, aber Anfang 1943 dem deutschen Publikum, das unter dem Einfluss nationalsozialistischer Propaganda stand, die alle Schrecken dieser Welt, vor allem den Sieg des Bolschewismus im Falle einer deutschen Niederlage ausmalte, nicht zu vermitteln. Visionen eines »vernünftigen Sozialismus« zugunsten der Arbeiterschaft, die Geltung der Menschenrechte, ein neues Europa waren in der Situation des »Totalen Krieges«, der gerade ausgerufen wurde, purer weltferner Idealismus. Im O-Ton des Flugblattes *Aufruf an alle Deutsche!* lautete das so: »Der imperialistische Machtgedanke muss, von welcher Seite er auch kommen möge, für alle Zeit unschädlich gemacht werden. Ein einseitiger preussischer Militarismus darf nie mehr zur Macht gelangen. Nur in grosszügiger Zusammenarbeit der europäischen Völker kann der Boden geschaffen werden, auf welchem ein neuer Aufbau möglich sein wird. [...] Die Arbeiterschaft muss durch einen vernünftigen Sozialismus aus ihrem Zustand niedrigster Sklaverei befreit werden. Das Truggebilde der autarken Wirtschaft muss in Europa verschwinden. Jedes Volk, jeder Einzelne hat ein Recht auf die Güter der Welt!«

Stilistisch und argumentativ überzeugt der Text des letzten Flugblatts, der auch mit der Anrede »Kommilitoninnen! Kommilitonen!« den Adressatenkreis präzise benennt, am stärksten. Der Untergang der Stalingrad-Armee wird (mit überhöhten Opferzahlen) eindeutig »der genialen Strategie des Weltkriegsgefreiten« mit einem sarkastischen »Führer wir danken dir!« zugeordnet. Daran ist das apokalyptische Verlangen nach »Abrechnung der deutschen Jugend mit der verabscheuungswürdigsten Tyrannis, die unser Volk je erduldet hat«, geknüpft. Die Rückforderung der persönlichen Freiheit, um die das deutsche Volk betrogen worden sei, beschwor mit nationalem Pathos im Stalingrad-Jahr 1943 den Aufstand zur Brechung des nationalsozialistischen Terrors, wie 1813 die Napoleonische Knechtschaft in den Freiheitskriegen durch Volkserhebung unter symbolischer Führung der Studentenschaft überwunden worden war.

Der Appell an die studentische Avantgarde war – obgleich er realiter keine Chance hatte – für das Regime auch deshalb bedrohlich, weil es demonstrativ von Anfang an auf die Jugend gesetzt hatte. Kultischer Erinnerung an die nationale Freiheitsbewegung wurde gehuldigt mit dem Zitat des Idols von 1813, dem Dichtersoldaten und Helden Theodor Körner: »Frisch auf, mein Volk, die Flammenzeichen rauchen!«. Aber die konkreten Fakten, mit denen der Text argumentiert, dass der Krieg verloren war – der Rückzug der deutschen Armeen im Osten, die bevorstehende Invasion im Westen, die Rüstungsüberlegenheit der USA – zeigten sowohl den studentischen Adressaten des Verdikts über die NS-Herrschaft als auch den Vertretern der Staats- und Parteimacht, wie fundiert die Kritik an den Zuständen war. So wurde die verordnete »weltanschauliche Schulung«, ein Kennzeichen der NS-Diktatur, apostrophiert. Auch der ideologisch stramme Gutachter Harder hatte die »weltanschauliche Schulung« als öden und geistlosen Drill bezeichnet. Die Atmosphäre der von Parteibonzen und SS-Führern dominierten Universität wurde vor Augen geführt und insbesondere ein Ereignis am Beginn des Jahres, das deutliche Differenzen zwischen Studentenschaft und NSDAP öffentlich gemacht hatte.

Zum 13. Januar 1943 hatten der Rektor und der amtierende Gauleiter von München-Oberbayern und Ministerpräsident, Paul Giesler, die Münchner Studentenschaft zu einer Veranstaltung anlässlich des 470. Jahrestags der Gründung der Universität in den Kongresssaal des Deutschen Museums befohlen. Obwohl Anwesenheitspflicht herrschte, waren Hans Scholl, Willi Graf, Christoph Probst und Alexander Schmorell nicht hingegangen. Giesler, der mächtige Mann, der in Bayern Partei und Staat verkörperte, entgleiste in seiner Rede in sexistischen Pöbeleien gegen Studentinnen. Giesler sprach von jungen Frauen, die sich lieber an den Universitäten herumdrückten, als dem Führer ein Kind zu schenken. Der Gauleiter gefiel sich in vermutlich extemporierten Ausführungen, die dem Frauenbild der Hitlerbewegung konform waren. Nach der Erinnerung von Teilnehmern verstieg er sich zu diesem Satz: »Wenn einige Mädels nicht hübsch genug sind, einen Freund zu finden, werde ich gern jeder einen von meinen Adjutanten zuweisen, und ich kann ihr ein erfreuliches Erlebnis versprechen.«

Aus Protest verließen Studentinnen den Saal, während männliche Kommilitonen lautstark protestierten. Mitglieder der NS-Studentenschaft betätigten sich als Hilfsorgane der Staatsgewalt, um die Mädchen am Aufbruch zu hindern. Männliche Studierende, viele von ihnen in Wehrmachtsuniform, kamen den Kommilitoninnen zu Hilfe. Handgreiflichkeiten blieben nicht aus, der Führer der NS-Studentenschaft soll verprügelt worden sein, herbeigerufene Polizei wurde angegriffen, die Mehrzahl der Studentinnen konnte befreit werden, nur wenige wurden verhaftet und erhielten später einen schriftlichen Verweis des Rektors der Universität.

Die Ereignisse des 13. Januar 1943 sind im einzelnen nicht genau rekonstruierbar, Staat und Partei hatten auch kein Interesse an einer Publizität des in mehrfacher Hinsicht blamablen Vorfalls: Ein hochrangiger Vertreter des Regimes hatte Studentinnen angepöbelt, und die Studierenden hatten sich so energisch zur Wehr gesetzt, dass die Machthaber nervös wurden, an eine Studentenrevolte glaubten, gar an eine Revolution in der so lammfrommen, unkritischen und hitlerbegeisterten Hochschulszene. Die Anspielung auf den 13. Januar im Flugblatt der Weißen Rose bestärkte die Vermutung der Behörden, es existiere eine breite Widerstandsbewegung an der Münchner Universität.

Im Text des letzten Flugblattes der Weißen Rose fehlt ein Bezug, der dem Urheber des Entwurfs, Kurt Huber wichtig war. Huber hatte sich, wie er in der Vernehmung gegenüber der Gestapo sagte, unter dem Eindruck der Giesler-Rede am 13. Januar endgültig in die Opposition zum Nationalsozialismus begeben. Anders als die Studierenden im Kreis der Weißen Rose hatte der Professor ein positives Bild der Wehrmacht, hielt die Streitkräfte für einen Gegenpol zur NSDAP und wollte den seiner Ansicht nach bestehenden Unterschied zwischen guten soldatischen Traditionen der Wehrmacht und bösen ideologischen Positionen der Hitlerpartei herausarbeiten. Dazu hatte er eine Passage formuliert, in der die Leistungen der Wehrmacht gepriesen wurden, und in einer weiteren forderte er zur Unterstellung der Studenten unter die Wehrmacht auf. Die Studenten Hans Scholl und Alexander Schmorell teilten nach dem Dienst an der Ostfront das positive Soldatenbild Hubers nicht. Nach einer Auseinandersetzung, die Huber glauben machte, sein Entwurf sei im Ganzen abgelehnt, auch weil er insgesamt nicht aggressiv genug formuliert sei, strichen Scholl und Schmorell diese Sätze, produzierten jedoch den übrigen Text Hubers, dem deshalb der Hauptanteil der Urheberschaft am Flugblatt blieb, das am 18. Februar die Nationalsozialisten mit dem Widerstand wenigstens einer akademischen Minderheit konfrontierte.

Ein siebtes Flugblatt, verfasst Ende Januar 1943 von Christoph Probst, blieb Entwurf. Unter dem Titel »Stalingrad« sind die Konsequenzen der militärischen Lage beschrieben und wird die Erhebung gegen Hitler propagiert, die auch Thomas Mann in seinen Rundfunkansprachen aus dem Exil an die »Deutschen Hörer« forderte. Die Verbrechen des Nationalsozialismus, verkörpert durch den »Führer« sind unmissverständlich benannt: »die Juden zu Tode gemartert, die Hälfte der Polen ausgerottet, Russland mit Vernichtung bedroht, die Deutschen der Freiheit, des Friedens, des Familienglücks, der Hoffnung und des Frohsinns beraubt«. Die angesprochenen Untaten waren keineswegs geheimes Wissen, das Probst und seine Freunde hatten. Die Verfolgung der Juden, die Besatzungsherrschaft in Polen und anderen Regionen des östlichen Europa vollzog sich ja in aller Öffentlichkeit, und Hitler legte seine Ziele – freilich nicht die Details der Ausführung – in seinen Reden dar. Die NS-Propaganda musste nur entschlüsselt werden, aber dazu gehörte ein Wille, der den meisten fehlte.

Der Freundeskreis Weiße Rose

Die Geschwister Scholl

Die Eltern kamen aus kleinen Verhältnissen in Hohenlohe, jenem württembergischen Landstrich, in dem schwäbische und fränkische Lebensart aufeinandertreffen. Robert Scholl wurde in einer kinderreichen Kleinbauernfamilie in der Gemeinde Geißelhardt bei Schwäbisch Hall geboren. Nach der mittleren Reife schlug er die Verwaltungslaufbahn ein und heiratete, 25 Jahre alt, im November 1916 die zehn Jahre ältere Lina Müller. Sie war die Tochter eines Schuhmachers in Künzelsau und gab für die Ehe ein erfülltes Dasein als Diakonisse auf. 1917 wurde Scholl Bürgermeister in Ingersheim an der Jagst, zwei Jahre später Stadtschultheiß von Forchtenberg am Kocher. In Ingersheim bei Crailsheim kamen die Kinder Inge (1917) und Hans (1918) zur Welt, ihnen folgten in Forchtenberg Elisabeth (1920), 1921 Lina Sofie (die sich als junges Mädchen dann lieber Sophie schrieb) und 1922 Werner. Dem jüngsten Kind Mathilde (1925) waren nur wenige Monate Lebenszeit beschieden. Von Ernst, einem unehelichen Sohn als Folge einer sittlichen Verfehlung des Bürgermeisters Scholl, wussten zwar alle im

Städtchen, und der Autorität Robert Scholls war der Seitensprung am Ende seiner Amtszeit arg abträglich, aber in der Familie war keine Rede von ihm.

Vater Scholl war als Kommunalpolitiker äußerst tüchtig, vielen sogar zu tüchtig, denn nach zehn Jahren im Amt wurde er nicht wiedergewählt. Es fiel ihm schwer, das zu akzeptieren. Scholl gehörte keiner Partei an, er war aber energischer Demokrat und Liberaler, der die aufkommende NSDAP und deren Führer verachtete. Die Amtsgeschäfte in Forchtenberg führte er wohl wenig geschmeidig, aber in jener Region ist es der Brauch, energisch durchzusetzen, was man für richtig erkannt hat. So rühmt Inge, die älteste Tochter, in ihrer Familiensaga den Bau der Eisenbahnlinie nach Forchtenberg, den Robert Scholl gegen die dicken Schädel seiner Bürger erzwang.

1930 musste die Familie die Amtswohnung im Rathaus verlassen. In Ludwigsburg fand Scholl als Geschäftsführer einer Handwerkergenossenschaft eine neue Wirkungsstätte. Gleichzeitig bildete er sich an der Verwaltungsakademie in Stuttgart weiter. Im März 1932 übersiedelte die Familie nach Ulm, wo der Vater als Wirtschaftsprüfer und Steuerberater in eine Kanzlei als Teilhaber eintrat. Das Familienleben, dessen Pfeiler aus protestantischer Christlichkeit (seitens der Mutter), Plichtbewusstsein und politischer Moral (seitens des Vaters) bestanden, wurde schwieriger, als die drei Großen Inge, Hans und Sophie sich begeistert in der Hitlerjugend engagierten. Ein Hitlerporträt im Jugendzimmer trübte die Harmonie zwischen Hans und dem Vater.

Führerqualitäten in der HJ zeigte auch Sophie, die den Dienst sehr ernst nahm und den von ihr geführten Mädchen keine Pflichtverletzung nachsah. Bei ihrer Konfirmation am Palmsonntag 1937 trugen Sophie und Werner Scholl als einzige

Der innere Kreis

Hans Scholl

Geboren am 22. September 1918 in Württemberg, hingerichtet am 22. Februar 1943 in München. 1939 Beginn des Medizinstudiums in München. Soldat im Frankreichfeldzug 1940, Kriegsfamulatur in Russland 1942. Mitverfasser von Flugblatt Nr. 1–4.

Sophie Scholl

Geboren am 9. Mai 1921 in Württemberg, hingerichtet am 22. Februar 1943 in München. Von 1942 an Studium der Biologie und Philosophie in München. Beteiligt an der Herstellung und Verbreitung der Flugblätter.

Christoph Probst

Geboren am 6. November 1919 in Oberbayern, hingerichtet am 22. Februar 1943 in München. Beginn des Medizinstudiums 1938 in München, Militärdienst in Schongau in den Semesterferien. Seit 1941 verheiratet, Vater von drei Kindern. Verfasser von Flugblatt Nr. 5.

Alexander Schmorell

Geboren am 3. September 1917 im Ural, Russland, hingerichtet am 13. Juli 1943 in München. 1939 Beginn des Medizinstudiums in Hamburg. 1940 Teilnahme am Frankreichfeldzug, danach Fortsetzung des Medizinstudiums in München. 1942 Kriegsfamulatur in Russland, Mitverfasser von Flugblatt Nr. 1–4.

Willi Graf

Geboren am 2. Januar 1918 im Rheinland bei Bonn, hingerichtet am 12. Oktober 1943 in München. Von 1939 an Medizinstudium in Bonn, 1941/42 Kriegseinsatz als Sanitätssoldat, danach Kriegsfamulatur in Russland. 1942/43 mit gefälschten Militärfahrkarten unterwegs nach Bonn, Freiburg, Ulm, Saarbrücken, um ein studentisches Widerstandsnetz zu knüpfen.

Professor Kurt Huber

Geboren am 24. Oktober 1893 in Chur, hingerichtet am 13. Juli 1943 in München. 1920 Habilitation in Philosophie und Psychologie, von 1926 an außerplanmäßiger Professor an der LMU München. Mentor der Gruppe. Verfasser von Flugblatt Nr. 6.

HJ-Uniform, als Zeichen dass sie – wie viele – nationalsozialistische und christliche Weltanschauung für miteinander vereinbar hielten. Hans und Sophie Scholl entsprechen dem Jugendideal nationalsozialistischer Doktrin vollkommen: schneidig und von den neuen Lehren der Volksgemeinschaft durchdrungen, elitär, fanatisch. Geländespiele und Mutproben wechseln mit Heimatabenden, an denen bei Kerzenschein Rilkes *Kornett* gelesen wird. Im September 1935 wird Hans die Ehre zuteil, als einer von wenigen Ulmer HJ-Angehörigen eine Fahne zum Reichsparteitag nach Nürnberg und dort am Führer vorbei zu tragen. Inge Scholl legte später in ihrem Buch *Die Weiße Rose* die Spur zur Verklärung ihrer Geschwister, als sie schrieb, Hans sei enttäuscht und zweifelnd aus Nürnberg zurückgekommen. Der beginnende Sinneswandel habe sich auf die Geschwister übertragen und die Abkehr von Hitler eingeleitet. Im März 1937 machte Hans Abitur und wurde zum Reichsarbeitsdienst eingezogen. Irgendwann um diese Zeit distanzierte sich Sophie innerlich vom BDM, wie eine Tagebuchnotiz am 31. August 1937 belegt: »Von der H. J. habe ich mich ohne mein Wollen ganz gelöst. Ich habe nichts mehr zu geben, nichts mehr zu nehmen.« Äußerlich änderte sich nichts. Erst im Herbst 1938 legt die inzwischen 17-jährige Sophie ihr Amt als Gruppenführerin im Bund Deutscher Mädel nieder, nach einem Zerwürfnis mit Vorgesetzten ohne politischen Hintergrund.

Inge Scholl hat über das Ende der HJ-Karriere ihres Bruders Hans eine Legende ersonnen. Die Gruppe (ein »Fähnlein«), die Hans führte, hatte sich einen besonderen Wimpel ausgedacht und verfertigt. Das sei unstatthaft, habe der Stammführer erklärt und beim Appell die Herausgabe vom 12-jährigen Fahnenträger gefordert. Ob der Anmaßung in drohendem Ton gegen den Jüngeren habe Hans nicht mehr an sich halten können.

»Er trat still aus der Reihe heraus und gab diesem Führer eine Ohrfeige. Von da an war er nicht mehr Fähnleinführer.« Erwiesen ist lediglich, dass Hans Scholl mit einem älteren HJ-Führer Rivalitätsprobleme hatte. Für aufkeimende Sehnsucht nach Freiheit – ein Leitmotiv seines späteren Widerstands – oder Solidarität mit dem bedrängten Jüngeren als Motive gibt es, wie für die ganze Ohrfeigengeschichte, keine Beweise.

Aber eine andere, bedrohlichere, Affäre holte den 19-jährigen Hans kurz vor Weihnachten 1937 ein. Wegen »bündischer Umtriebe« wird der junge Soldat, der sich zur Kavallerie gemeldet hatte, aus der Kaserne Stuttgart–Bad Cannstatt heraus verhaftet. Zur Last gelegt wurde ihm von der Geheimen Staatspolizei, dass er, mehr als ein Jahr zuvor, innerhalb der HJ eine Elite um sich geschart habe, die sich »Trabanten« nannte. Zur Last gelegt wurde ihm außerdem eine nicht genehmigte Fahrt nach Schweden, verbunden mit einem dazu notwendigen Devisenvergehen (Bargeld im Versteck einer Nivea-Dose). Im Hintergrund stand das Verbot aller Bünde der Jugendbewegung, um die Hitlerjugend als Staatsjugend zu monopolisieren. Fast zur gleichen Zeit, Anfang 1938, musste sich auch Hans Scholls späterer Freund in der Weißen Rose Willi Graf wegen des Delikts »bündische Umtriebe« verantworten. Eine Hausdurchsuchung bei der Familie Scholl in Ulm und die Verhaftung der Geschwister Inge, Sophie und Werner (der an der verbotenen Schwedenfahrt teilgenommen hatte) erhöhten den Druck auf die Familie Scholl.

Hans kam zwar bald wieder auf freien Fuß, aber im Mai 1938 wurde die Anklageschrift zugestellt, für den 2. Juni war die Verhandlung anberaumt. Entsetzlich peinlich ist es, dass auch »sittliche Verfehlungen«, nämlich homosexuelle Handlungen mit Jüngeren, zur Sprache kommen. Der schwerwiegende

Vorwurf wurde auch nicht – wie häufig geschehen – nur aus taktischen Gründen erhoben. Die Sache ging aber glimpflich aus für Hans. Einen Monat Gefängnis lautete das Urteil, die Amnestie wegen der »Heimkehr der Ostmark ins Deutsche Reich« (wie die Annexion Österreichs amtlich umschrieben wurde) hob die Strafe jedoch sofort auf.

Hans ist dem Dritten Reich noch lange nicht entfremdet, er genießt das Soldatenleben, ist in Liebe zur 14 Jahre jungen Lisa Remppis entbrannt, die er in Langenburg in deren Elternhaus häufig besucht, und von der Kriegsgefahr, die den Vater Scholl umtreibt (und den Schreinergesellen Georg Elser zu dem Entschluss bringt, durch Tyrannenmord das kommende Unheil aufzuhalten), ist er nicht angerührt. Seiner Schwester Inge schreibt er Ende 1938: »Noch nie in meinem Leben bin ich so sehr Patriot im eigentlichen Sinn des Wortes, als gerade in den ersten Oktobertagen dieses Jahres. Erst wenn man sich fragen muß, ob das Vaterland überhaupt noch die Bedeutung hat, wie es vielleicht einmal war; wenn man allen Glauben an Fahnen und Reden verloren hat, weil die Begriffe abgegriffen und wertlos geworden sind; dann erst setzt sich das reine Ideal durch.«

Hans Scholl ist nach dem Prozess in seinem Selbstgefühl angerührt; der ehrgeizige junge Mann ist auf dem Weg zum Erwachsenen, fühlt sich einer Elite, nicht der verachteten Masse zugehörig, will sich nicht unterordnen, sondern führen. Hans hat seiner Familie in protestantischem Ethos versprochen, durch Arbeit wiedergutzumachen, was ihn beschämt, was er glaubt, durch das, was im Gerichtsverfahren zur Sprache kam, der Familie angetan zu haben. Der Entschluss, Medizin zu studieren, »um zu helfen« (wie das gängige Motiv lautet), soll im Gefängnis gefallen sein. Selbstzweifel quälen den Suchenden, auch das ist nicht selten bei jungen Männern in dieser Lebensphase. Hans sucht den Sinn des Lebens. Kriegerische Gewalt lehnt er keineswegs ab, er sieht im militärischen Konflikt eine Notwendigkeit, erhofft Katharsis (und Gewinn für die gerechte Sache). Hans Scholl identifiziert sich mit der Nation und einem vom Deutschen Reich dominierten Europa. In einem Tagebuchfragment vom Herbst 1939 ist zu lesen: »Mich verlangt es nicht nach einem Heldentum im Kriege. Ich suche Läuterung. Ich will, dass alle Schatten von mir weichen. Ich suche mich, nur mich. Denn das weiß ich: Die Wahrheit finde ich nur in mir. Anfangs waren wir froh, daß endlich der Krieg entfesselt worden ist: Er muß die Erlösung von diesem Joche bringen. Deutschland hat dieses Joch verdient. Vielleicht dauert dieses Massenmorden lange Zeit. Vielleicht müssen die Menschen Europas sehr umgepflügt werden. Werden wir dann eine Stufe höher steigen? Unsere Hoffnung hängt an diesem fürchterlichen Krieg.« Das war adoleszentes Pathos, dem die Erfahrung des Krieges folgte, im Frankreichfeldzug 1940 und an der Ostfront 1942. Hans erlebt den Beginn des Krieges als Soldat im Wartestand. Während der Vorlesungszeit ist er Student, in den Ferien Soldat in einer Marschkompanie, die hin und her gefahren wird, von München nach Kempten, wieder nach München, nach Bad Sooden-Allendorf in Hessen. Die Studentensoldaten verbringen ihre Zeit in Kasernen mit Warten, ob und wo sie eingesetzt werden. Im Mai 1940 nimmt Hans Scholl am Westfeldzug teil, in der Etappe und als Gehilfe im Lazarett.

Eine Folge des Militärdienstes war das Bedürfnis nach Freiheit, das dann zentrales Postulat des Widerstands der Weißen Rose wurde. Gleichzeitig entwickelte sich ein zweites bedeutsames Agens aus der bewussten Hinwendung zur christlichen Ethik. Im Elternhaus dominierte die protestantische Frömmigkeit der Mutter (der Vater war nicht religiös), aber erst die

Begegnung mit Carl Muth im Sommer 1941 lenkte Hans zum bewussten Christentum fortschrittlich-katholischer Observanz. Wichtig waren die Bücher von Georges Bernanos, Paul Claudel und Werner Bergengruen und Gespräche mit älteren Intellektuellen, die, wie Carl Muth und Theodor Haecker, zu Lehrern und Wegbereitern Hans Scholls wurden. Für die Universität blieb dem Studierenden der Medizin, der gleichzeitig lebhaftes Interesse an der Philosophie hatte, wenig Zeit. Er war ja Soldat und außerdem viel unterwegs, im Konzertsaal, bei Lesungen, zu Diskussionen. Die Suche nach dem Sinn des Daseins, das Nachdenken über den Krieg und die Zwänge des nationalsozialistischen Regimes, das Reden darüber mit Freundinnen und Freunden füllten Tage und Nächte.

Im Mai 1942 beginnt Sophie Scholl, zwei Jahre nach dem Abitur, in denen sie im Arbeitsdienst und in der Ausbildung zur Kindergärtnerin Zwänge erlitten und Lebenszeit verbraucht hat, mit dem Studium der Philosophie und Biologie in München. Die Geschwister wohnen zusammen in zwei Zimmern in der Franz-Joseph-Straße 13 unweit der Universität. Sophie teilt die Interessen und Aktivitäten des älteren Bruders, wird in den Freundeskreis aufgenommen. Die Geschwister leben in großer Nähe zueinander, die auch zwei andere Mitglieder des Freundes- und Widerstandskreises charakterisiert: Christoph und Angelika Probst sind sich ähnlich vertraut, und auch Willi und Anneliese Graf stehen in ungewöhnlich enger Geschwisterbeziehung zueinander. Das rastlose Studentenleben der Geschwister Scholl ist kräftezehrend. Sophie hat neben ihrer ausgedehnten Lektüre musische Interessen, sie engagiert zusammen mit Alexander Schmorell ein Modell, um zu zeichnen, während Alexander modelliert. Geselligkeit und Lebensfreude spielen trotz ernsthafter Auseinandersetzung mit der Lebenswelt des Dritten Reiches eine Rolle. Um den selbstgesetzten und an sie herangetragenen Anforderungen zu entsprechen, nehmen die Geschwister Scholl auch aufputschende Drogen. Hans ist die den Freundeskreis und die Schwester treibende Kraft. Sophie, so wird berichtet, ist in den Debatten meist still. Das mag auch am Rollenverständnis zwischen älterem Bruder und jüngerer Schwester liegen. Zweifellos hing Sophie aber nicht nur im Schlepptau. An moralischem Rigorismus stand sie ihm nicht nach, und ihre Aktivität konnte zum Mutwillen werden wie an jenem 18. Februar 1943, als sie die Flugblätter von der Galerie in die Halle des Lichthofs warf, was das Verhängnis unmittelbar auslöste.

Muntere Lebenslust schließt Empörung und Empfindsamkeit nicht aus. Vor allem aber hat Sophie Scholl einen klaren Verstand, mit dem sie die Wirklichkeit des Nationalsozialismus wahrnimmt, als die jugendliche Begeisterung verflogen ist. Auf den Krieg reagiert Sophie sensibler als ihr Bruder Hans. In den Briefen an ihren vier Jahre älteren Freund Fritz Hartnagel, der als Offiziersanwärter an der Front ist, stellt sie ihm kritische Fragen nach dem Sinn des Blutvergießens. Wann und wie Sophie, die seit Mai 1942 mit ihrem Bruder zusammenlebt, von den vier Flugblättern Kenntnis erlangte, die Hans Scholl und Alexander Schmorell im Juni und Juli 1942 verbreiteten, ist nicht klar. Inge Scholls Version, nach der Sophie in aufgeschlagenen Büchern ihres Bruders die Zitate entdeckt, die in den Flugblättern erscheinen, Hans daraufhin auf seine Urheberschaft anspricht, gehört ins Reich der Phantasie der älteren Schwester. Im Herbst 1942, nach der Rückkehr der drei Freunde Hans Scholl, Alexander Schmorell und Willi Graf von der Ostfront und deren Entschluss, aktiv Widerstand zu leisten, ist Sophie jedoch Mitwisserin und Mitwirkende.

Im Sommer 1942 verändert sich vieles. Hans Scholl wird, wie seine Kommilitonen Alexander Schmorell und Willi Graf, zur Kriegsfamulatur in ein Lazarett westlich von Moskau kommandiert. Sophie wird zum Rüstungseinsatz in eine Schraubenfabrik bei Ulm befohlen. Am 24. August muss der Vater Robert Scholl eine viermonatige Gefängnisstrafe antreten, weil er Hitler eine »Gottesgeißel« genannt hatte. Das war als Verstoß gegen das Heimtückegesetz vom zuständigen Sondergericht relativ milde bestraft worden. Für Sophie ist es ein Unrecht, das ihre Abwendung vom Nationalsozialismus beschleunigt, die damit beginnt, dass sie auf der Blockflöte das Lied »Die Gedanken sind frei« spielend das Gefängnis umschreitet, in dem ihr Vater seine Strafe verbüßt.

Alexander Schmorell

Im Februar 2012 wurde er heiliggesprochen. Die Ikone des »Märtyrers Alexander von München« zeigt den 1943 hingerichteten Medizinstudenten Alexander Schmorell mit Heiligenschein, in der rechten Hand das orthodoxe Kreuz und eine weiße Rose. Das Bild ziert die Ikonostase der Kathedrale der Heiligen Neumärtyrer und Bekenner Russlands in München. Das russisch-orthodoxe Gotteshaus ist unweit der Hinrichtungsstätte und des Grabes von Alexander Schmorell im Perlacher Forst gelegen. Die Heiligsprechung durch die russisch-orthodoxe Kirche im Ausland war ein feierlicher Gottesdienst, in dessen Mittelpunkt die Verherrlichung des neuen Heiligen stand: »Du bekanntest den Heiland, den von der Jungfrau geborenen Gott und Herrn, gottgetreuer Alexander, im Gericht legtest du durch deine Geduld der Häscher Hochmut nieder.

Sophie Scholl verabschiedet die Freunde, bzw. Mitglieder der »Weißen Rose«, die in einer Studentenkompanie zum Sanitätsdienst an die Ostfront (Russland) abkommandiert wurden, München, Ostbahnhof, 23. Juli 1942. Von links: Hubert Furtwängler, Hans Scholl, Raymund Samiller, Sophie Scholl und Alexander Schmorell.

Die Engel staunten ob deiner Geduld, da sie schauten, wie du in Standhaftigkeit furchtlos Drohungen und boshafte Beschimpfungen ertrugst; so warfst du auch die körperlosen Feinde in die Nichtigkeit und erscheinst als siegreicher Zeuge Christi.« Teilnehmer der Zeremonie, als einer der letzten Überlebenden des Freundeskreises der Weißen Rose, war Nikolaj Nikolajeff Hamazaspian, der 69 Jahre davor dem Freund Alexander seinen bulgarischen Pass, seine Windjacke, Brot und Tabak sowie Geld gegeben hatte, um ihm zur Flucht vor der Gestapo zu helfen.

Geboren war Alexander Schmorell am 16. September 1917 am Ural in Orenburg in Russland. Sein Vater, Hugo Schmorell, praktizierte dort als Arzt. Er war Deutscher, auch der Sohn erhielt die deutsche Staatsbürgerschaft. Die Mutter Natalie Vedenskaja, Tochter eines orthodoxen Priesters, starb, als Alexander zwei Jahre alt war. Ihr zu Ehren wurde er orthodox-religiös erzogen. 1921 übersiedelte die Familie – der Vater hatte wieder geheiratet – nach Deutschland, wo Hugo Schmorell im großbürgerlichen Münchner Vorort Harlaching eine medizinische Praxis eröffnete. Zur Stiefmutter fand der heranwachsende Alexander kein Verhältnis. Er hielt sich an die russische Kinderfrau Njanja, die nach München mitgekommen war. Njanja, die rundliche Babuschka, die nicht deutsch sprach, umsorgte den heranwachsenden Alexander und erfüllte ihm alle Sehnsüchte nach Mütterlichkeit und Geborgenheit, verkörperte ursprüngliche Vitalität und russische Seele.

Alexander Schmorell, den seine Freunde als großherzigen, weltoffenen, naiven, unpolitischen Romantiker liebten, hatte sich in schwärmerischer Begeisterung für Russland und den russischen Menschen – fernab der politischen und sozialen Realitäten der Sowjetunion – eine seelische Heimat erträumt, der er mit Balalaika-Spiel, nächtlichen Gesprächsrunden, einsamen Wanderungen, Dostojewski-Lektüre und gefühlsseliger Hingabe huldigte. Nach dem Besuch einer Privatschule und des Gymnasiums bestand Alexander Schmorell im Frühjahr 1937 das Abitur. 15-jährig war er 1932 der HJ beigetreten, gehörte dann dem Jung-Stahlhelm an und war kurze Zeit Mitglied des SA-Reitersturms. Den verließ er jedoch bald wieder, weil er »über die Reiterei enttäuscht war«. Das sagte er im Gestapo-Verhör 1943.

Die anfängliche Begeisterung für das Dritte Reich, die ihn

zur HJ getrieben hatte, verflog, als er zum Reichsarbeitsdienst eingezogen wurde. Unter den Organisationen des NS-Staats war der RAD die sinnloseste: Als Pflichtdienst erfüllte er vordergründig gemeinnützige Aufgaben wie Landkultivierungen und öffentliche Bauprojekte, fungierte tatsächlich aber als vormilitärisches Erziehungsinstrument und als Hinführung zur egalitären »Volksgemeinschaft«, dem Gesellschaftsideal des Nationalsozialismus. Die Öde des militärischen Drills und der weltanschaulichen Schulung stießen Alexander Schmorell ab. Dessen Individualismus und Freiheitsliebe standen ebenso im Gegensatz zum Ziel des RAD wie sein elitäres Bewusstsein, das zwischen schöpferischen und führenden »Auserwählten« (zu denen er sich selbstverständlich rechnete) und der dumpfen Masse unterschied. In einem Brief an seine Freundin Angelika Probst gab er seiner Verachtung für die Masse Ausdruck: »Sie sind froh und glücklich, wenn sie nach fremden Regeln leben dürfen, auf fremde Befehle gehorchen dürfen, um selber nicht denken zu brauchen, der Masse nachzugehen, folgend ihrem Herdentrieb, um nicht zu irren.«

In seinem »Politischen Bekenntnis«, das er in der Haft im Frühjahr 1943 verfasste, bekannte sich Schmorell zur Staatsform eines aufgeklärten Autoritarismus, in der aber auch Opposition möglich sein müsse. Deshalb sei er, so schrieb er, auch Gegner des Nationalsozialismus geworden: »Meiner Ansicht nach stützt sich die natsoz. Regierung zu sehr auf die Macht, die sie in Händen hat. Sie duldet keine Opposition, keine Kritik, deshalb können die Fehler, die gemacht werden, nicht erkannt, nicht beseitigt werden.«

Politischer Zeitgeist und persönlicher Idealismus verbanden sich in der Überzeugung, »der autoritären Staatsform fast immer vor der demokratischen den Vorzug zu geben. Denn wohin uns die Demokratien geführt haben, haben wir alle gesehen. Eine autoritäre Staatsform bevorzuge ich nicht nur für Rußland, sondern auch für Deutschland. Nur muß das Volk in seinem Oberhaupt nicht nur den politischen Führer sehen, sondern vielmehr seinen Vater, Vertreter, Beschützer.« Intellektuell war das juveniler Idealismus, aber mit der Feststellung, dass im Nationalsozialismus dem Führer diese Eigenschaft fehle, war der Widerstand eines zentralen Akteurs der Weißen Rose begründet. Im zweiten Flugblatt (Juni 1942) tritt in der von Alexander Schmorell formulierten Passage der elitäre Grundzug im Denken des Autors zutage. Er mündet in dem flammenden Appell zum Widerstand: »Und wieder schläft das deutsche Volk in seinem stumpfen, blöden Schlaf weiter und gibt diesen faschistischen Verbrechern Mut und Gelegenheit, weiterzutöten – –, und diese tun es. Sollte dies ein Zeichen dafür sein, daß die Deutschen in ihren primitivsten menschlichen Gefühlen verroht sind, daß keine Saite in ihnen schrill aufschreit im Angesicht solcher Taten, daß sie in einen tödlichen Schlaf versunken sind, aus dem es kein Erwachen mehr gibt, nie, niemals? Es scheint so und ist es bestimmt, wenn der Deutsche nicht endlich aus dieser Dumpfheit auffährt, wenn er nicht protestiert, wo immer er nur kann, gegen diese Verbrecherclique.«

Dem musischen, ungebärdigen »Auserwählten« Alexander, dessen politisches Ideal im patriarchalischen Führertum, in einem von Weisheit und Güte beseelten autoritären Staat verwirklicht gewesen wäre, war der militärische Stumpfsinn der RAD-Führer, die verordnete Freizeit der Massenorganisation »Kraft durch Freude«, der Zwang in der alles regelnden Volksgemeinschaft so zuwider, dass er alles Deutsche zu hassen begann und als erstrebenswerte Gegenwelt das Russische verklärte. Der Medizinstudent, der sich eigentlich zum Künstler, zum Bildhauer berufen fühlte, lehnte jeden Zwang ab, als er bekannte, »fremden Befehlen gehorchen – das ist nichts für mich, auch nicht nach fremden Regeln zu leben«.

Die Kriegsfamulatur, die Alexander Schmorell zusammen mit seinen Freunden und Kommilitonen Hans Scholl und Willi Graf von August bis Oktober 1942 in Russland leistete, wühlte ihn in mehrfacher Weise auf. Die drei Studenten arbeiteten auf einem Verbandsplatz der Wehrmacht etwa 130 km vor Moskau als Hilfsärzte, sie sahen das Elend russischer Kriegsgefangener und versuchten zu helfen, sie verbrüderten sich mit den Bauern aus dem Dorf, sangen russische Lieder, sahen die Verwüstungen des Krieges und wurden bei der Durchreise in Warschau Zeugen der jüdischen Tragödie, als sie das Ghetto sahen, in dem 500 000 Juden auf engstem Raum in größtem Elend von den deutschen Machthabern zusammengepfercht waren. Alexander spielte mit dem Gedanken, zu desertieren und in den Reihen der Partisanen für seine »Heimat« Russland zu kämpfen. Eine Folge des Einsatzes an der Ostfront war nach der Rückkehr die Überzeugung, Widerstand leisten zu müssen. Die Begeisterung für Russland und die russischen Menschen, für russische Religiosität, Musik, Innigkeit, Schlichtheit und Tiefe teilten Alexanders Freunde, sie lernten ein bisschen Russisch, um das Land besser zu verstehen. Vom baldigen Ende der kommunistischen Herrschaft (auch ohne deutschen Sieg) waren sie überzeugt. Professor Huber, ihr Münchner Mentor, missverstand die Russlandbegeisterung Alexander Schmorells vollständig, wenn er Sympathien für Stalins Herrschaftssystem dabei vermutete. Aber den Professor und den gefühlsbetonten Studenten Alexander verband ohnehin eine tiefe wechselseitige Abneigung.

Auch Hans Scholl und Willi Graf veränderte die Russlanderfahrung, aber Alexander Schmorell war in seiner ganzen Existenz berührt und getroffen. Er fühlte sich jetzt in Deutschland als Fremder, versank in Melancholie und träumte von der Rückkehr in die »Heimat«. Einer Freundin schrieb er Anfang Februar 1943: »Es war die schönste reichste Zeit meines Lebens gewesen – diese drei Monate, sie erschienen mir lang, wie ein ganzes Leben. Wie waren sie reich!!! Jetzt lebe ich nur von Erinnerung und von Hoffnung auf eine baldige Rückkehr – für immer. Mein Herz, meine Gedanken, meine Seele, sie sind drüben geblieben.« Die Stimmung hielt an und ging mit zunehmender Einsamkeit einher. Für eine russische Freundin, die Lehrerin Nelly, entwarf Alexander Anfang Dezember 1942 einen Brief: »Unruhe, furchtbare Unruhe ist der Hauptzug in meinem hiesigen Leben. Ich würde es hier nicht mehr aushalten, hätte ich nicht hier einige Verpflichtungen. Nur diese geben mir das moralische Recht hier zu bleiben. Sind diese Verpflichtungen beendet, so ist auch mein Verbleiben in Deutschland beendet. Dann erfüllt sich mein glühendes Verlangen, das ich schon mein ganzes Leben mit mir trage – dann kehre ich zurück nach Russland, in meine Heimat.« Mit der Heiligsprechung durch die orthodoxe Kirche ging die Sehnsucht 69 Jahre nach Alexanders Tod in Erfüllung.

Willi Graf

Im Juni 1942 begegnet der 24-jährige Medizinstudent Willi Graf in München dem Diskussions- und Freundeskreis um Hans Scholl. Er findet hier den Ausweg aus lange währender Einsamkeit und Ratlosigkeit, die der Kriegseinsatz als Sanitätssoldat 1941/42 bei ihm ausgelöst hat. Am 1. Februar 1942 schrieb er an seine jüngere Schwester Anneliese: »Ich wünschte, ich hätte das nicht sehen müssen, was sich in meiner Umgebung zugetragen hat und mich aufs tiefste trifft. Ich kann Dir das alles gar nicht im einzelnen schildern. Der Krieg gerade hier im Osten führt mich an Dinge, die so schrecklich sind, daß ich sie nicht für möglich gehalten hätte.« Mit Hans Scholl und Alexander Schmorell wird er im Juli 1942 zum zweiten Mal an die Ostfront kommandiert. Beim Dienst auf dem Verbandsplatz Gshatsk in Russland und in Gesprächen mit den Freunden reift der Entschluss, aktiven Widerstand gegen das NS-Regime zu leisten.

Am 2. Januar 1918 war Willi Graf im Rheinland bei Bonn zur Welt gekommen, in einer Familie, die aus tiefer Überzeugung katholisch war. Der Vater war Kaufmann, er übernahm 1922 die Geschäftsführung eines Weinhandels in Saarbrücken. Dort wuchs Willi zusammen mit der drei Jahre älteren Schwester Mathilde und der drei Jahre jüngeren Anneliese auf. Das katholische Milieu prägte ihn, er war fromm, diente als Ministrant im Gottesdienst und schloss sich als Gymnasiast dem »Bund Neudeutschland« an, der Traditionen der Jugendbewegung mit katholischer Religiosität, Fahrtenromantik mit Marienverehrung und Patriotismus verband. Im Deutschen Reich seit 1933 verboten, blieb der Bund im Saarland, das bis 1935 unter Völkerbundsmandat stand, aktiv. Nach dem Verbot aller katholischen Jugendverbände im November 1936 weigerte sich Willi Graf, in die Hitlerjugend einzutreten, brach sogar den Kontakt zu Freunden ab, die zur HJ gingen, und schloss sich dem Grauen Orden an, einer Gruppe von etwa 150 Jugendlichen, die teils von Neudeutschland kamen, teils aus der von Eberhard Koebel gegründeten sozialrevolutionären bündischen Bewegung dj.1.11, die weniger religiös als der ND-Bund und auch nicht ausgesprochen politisch agitierte, aber als Sammelbecken kritischer junger Menschen diente, deren Gemeinsamkeit in der Verweigerung gegenüber dem Nationalsozialismus bestand.

Wegen »bündischer Umtriebe« geriet Willi Graf mit der Obrigkeit in Konflikt. Inzwischen nach Abitur und Arbeitsdienst als Student der Medizin in Bonn immatrikuliert, nach wie vor der katholischen Kirche engagiert verbunden und an theologischen und liturgischen Fragen sehr interessiert, wurde er am 22. Januar 1938 von der Geheimen Staatspolizei verhaftet und am 21. April 1938 beim zuständigen Sondergericht Düsseldorf mit weiteren 17 Angehörigen des Grauen Ordens angeklagt. Zur Last gelegt wurden ihnen die als staatsfeindlich geltenden »bündischen Umtriebe«, verübt in Gestalt von Fahrten auf den Balkan und in den Schwarzwald. Eine Amnestie, die die Reichsregierung Ende April 1938 zur Feier der Annexion Österreichs erließ, machte den Eifer von Gestapo und Staatsanwaltschaft zunichte. Im Grauen Orden haben Günther Schmich und Fritz Leist, beide fünf Jahre älter, Einfluss auf Willi Graf. Die beiden Freunde studieren Theologie, sie sind wie Willi auf der Suche nach Orientierung, jedoch schon weiter fortgeschritten und wirken deshalb als Mentoren. Für Willi Graf sind intensive Freundschaften existenziell, auch zu seiner Schwester Anneliese hat er eine tiefe Bindung, trotzdem fühlt er sich bis zur Begegnung mit Hans Scholl, den er von Anfang an bewundert, »allein, ganz allein« angesichts seiner Skepsis gegenüber dem Regime, verstärkt durch die erste Erfahrung an der Front. Eine Liebesbeziehung bleibt platonisch, erschöpft sich drei Jahre lang in Briefen und seltenen Begegnungen, bis Willi erfährt, dass die Studentin Marianne Thoeren in Bonn anderweitig gebunden ist.

Willi Graf ist ein ernsthafter junger Mann, religiös und musisch, er spielt Bratsche und singt im Bachchor, liest mit Leidenschaft, interessiert sich für Philosophie und Theologie, Dichtung und Musik. Er treibt auch Sport, auf dem Fechtboden. Die zweite Feldfamulatur im Spätsommer und Herbst 1942 steht im Zeichen der Freundschaft mit Hans Scholl und Alexander Schmorell und der Verbrüderung mit den russischen Menschen in den Dörfern um den Hauptverbandsplatz Gshatsk. Nach NS-Propaganda sind die Russen als Slawen und Bolschewisten in rassistischer und politischer Sicht Feinde, die vernichtet werden sollten. Für Wehrmachtssoldaten war es deshalb mehr als ungehörig, mit ihnen zu singen und zu plaudern, gemeinsam zu essen, den Gottesdienst zu besuchen und Menschlichkeit unter Gleichen zu üben.

Ab November 1942 sind die Freunde wieder in München. Dort trifft sich Willi Grafs anderer Freundeskreis, der Graue Orden, in der Siegfriedstraße in Schwabing. Willi entfremdet sich allmählich, weil es ihm nicht gelingt, Fritz Leist für den Widerstand der Weißen Rose zu gewinnen. Der einstige Mentor hält Flugblätter und Aktionen wie regimefeindliche Parolen an öffentlichen Gebäuden für unwirksam und zu gefährlich. Willi Graf macht sich auf der Suche nach Verbündeten, in der Absicht, ein Netz studentischen Widerstands auch in anderen Städten zu knüpfen, auf den Weg. Er übernimmt den gefährlichsten Teil der konspirativen Arbeit, reist mit gefälschten Militärfahrkarten nach Bonn, Freiburg, Ulm, Saarbrücken, um Verschwörer zu werben, die Flugblätter verteilen, die den Widerstand der Münchner Gruppe in anderen Regionen mittragen. Den Weihnachtsaufenthalt in Saarbrücken bei der Familie hatte er genutzt, um die Brüder Heinz und Willi Bollinger, Kameraden aus Schülertagen und Angehörige des Bundes

Neudeutschland, als Helfer zu gewinnen. Im Januar 1943 ist Willi Graf mit einem Vervielfältigungsgerät im Rucksack und Flugblättern im Gepäck unterwegs, sich damit erheblich gefährdend, denn er wird oft kontrolliert in der Eisenbahn. Junge Männer sind besonders auffällig, weil sie Deserteure sein könnten. In Köln findet er beim Kaplan Franz Tack Verständnis für die Weiße Rose, in Bonn verweigern sich Kommilitonen mit enttäuschenden Ausreden. Dafür übernimmt Willi Bollinger in Saarbrücken nicht nur die Flugblätter, er stellt mit dem Gerät, das Willi Graf ihm bringt, im Lazarett, in dem er Dienst als Sanitäter tut, weitere Abzüge her. Die Anfertigung der Flugblätter war zeitraubend und mühsam. Der Text musste mit der Schreibmaschine auf Wachsmatrizen getippt werden, die zum Druck in das Vervielfältigungsgerät eingespannt wurden. Mit einer Kurbel setzte man das Gerät in Gang, nach wenigen hundert Exemplaren war die Matrize verbraucht. In Ulm trifft sich Willi Graf mit Heinz Bollinger. Der Versuch, weitere Widerständler aus dessen Freundeskreis zu gewinnen, misslingt. In Freiburg findet sich jedoch mit Helmut Bauer ein Gesinnungsgenosse mit dem Mut, aktiv zu werden. Auch er kommt aus den Reihen des Bundes Neudeutschland.

An jenem 18. Februar 1943, an dem Hans und Sophie Scholl in der Universität nach ihrer Flugblatt-Aktion im Lichthof verhaftet werden, kommt Willi Graf am späten Abend nach Hause in die Mandlstraße 1 in Schwabing, in der er und seine Schwester Anneliese ihre Zimmer haben. Anneliese bedeutet ihm mit Lippenbewegungen, dass die Gestapo auf ihn wartet. Er bittet, seine Uniform anziehen zu dürfen, und nutzt die Zeitspanne, sein Tagebuch zwischen Büchern zu verstecken. Dann werden die Geschwister Graf in die Brienner Straße zum Münchner Gestapo-Hauptquartier gebracht. Die Verhöre beginnen. Willi Graf leugnet erst jedes Wissen um die Weiße Rose, gibt sich dann aber auskunftbereit und agiert geschickt in dem Bemühen, niemanden (außer Hans Scholl, von dem er wohl weiß, dass er ihm nicht mehr schaden kann, weil er zum Zeitpunkt der Vernehmung schon tot ist) zu belasten.

Dem Urteil des Volksgerichtshofs am 19. April 1943 folgte eine lange qualvolle Zeit des Wartens auf den Tod. Willi Graf blieb in Stadelheim inhaftiert, weil die Gestapo wohl glaubte, ihn bei Gegenüberstellungen mit möglichen weiteren Widerstandskämpfern zu brauchen. 17 Briefe schrieb er noch aus dem Gefängnis an die Familie. Der Gedanke an das Leid der Mutter betrübte ihn. Am Tag der Hinrichtung, dem 12. Oktober 1943, diktierte er dem Gefängnisseelsorger eine letzte Botschaft. Die Schwester Anneliese erinnerte er an die Aufführung von Händels Messias, insbesondere an die Arie »Ich weiß, daß mein Erlöser lebt«, die sie im Dezember 1942 so bewegt hatte, er versicherte sie seiner Liebe und machte sie zur Hüterin seines Vermächtnisses: »Du weißt, dass ich nicht leichtsinnig gehandelt habe. Und Du mögest dafür sorgen, daß dieses Andenken in der Familie, den Verwandten und Freunden lebendig und bewußt bleibt.« Die Freunde grüßend bat Willi Graf seine Schwester: »Sie sollen weitertragen, was wir begonnen haben.«

Die Hinrichtung fand am Nachmittag des 12. Oktober 1943 statt. Die Familie wurde nicht benachrichtigt. Ein Gefängnisbeamter verständigte privat Verwandte in München, die die Nachricht nach Saarbrücken weitergaben. Beerdigt wurde Willi Graf auf dem Friedhof am Perlacher Forst. Nach dem Krieg ließ die Familie ihn nach Saarbrücken überführen.

Christoph Probst

Die vier Flugblätter der Weißen Rose, die im Juni und Juli 1942 in kleiner Auflage hergestellt und per Post versandt wurden, sind intellektuell von Hans Scholl und Alexander Schmorell verantwortet worden. Ob und wie sehr Christoph Probst, mit Alexander Schmorell seit 1935/36 befreundet und seit Sommer 1942 mit Hans Scholl bekannt, diskutierend in dieser Phase des Widerstands beteiligt war, ist nicht geklärt. Der Entwurf zu einem siebten Flugblatt, den Hans leichtfertig mit sich herum trug und bei der Verhaftung zu vernichten suchte, stammte aus Christoph Probsts Feder und bewies dessen Zugehörigkeit zum innersten Kreis. Nach weitverbreiteter Lesart sollte Probst als jung verheirateter Vater dreier Kinder aus der Gefahrenzone herausgehalten werden, was freilich naiv anmutet.

Christoph Probst war am 6. November 1919 in Murnau geboren als Sohn eines vermögenden Privatgelehrten, mit vielfältigen Interessen und pazifistischer Gesinnung, der als Kunstsammler mit Franz Marc vom Blauen Reiter und dann mit Emil Nolde und Paul Klee befreundet war. Von Hause aus Naturwissenschaftler, wendete sich der ehemalige Münchner Korpsstudent Hermann Probst am Ende der Ersten Weltkriegs fernöstlicher Spiritualität zu, betrieb Sanskritstudien, wurde 1918 Buddhist und beschäftigte sich später mit Astrologie. Der 1917 mit der Aachener Patrizierstochter Katharina von der Bank geschlossenen Ehe bekam die geistige Wendung Probsts nicht gut. Im Sommer 1919 verließ die junge Frau mit der einjährigen Tochter Angelika ihren Mann, 1920 und 1921 lebten sie wieder zusammen, um sich im April 1922 scheiden zu lassen. Die Kinder Angelika und Christoph lebten vorwiegend bei der Mutter, aber auch längere Zeit beim Vater. Hermann

Probsts neue Lebensgefährtin und zweite Frau war Jüdin. 1936 setzte er, fünfzig Jahre alt, in tiefer Depression, seinem Leben ein Ende. Christoph, der stark von seinem Vater geprägt war, hatte ein enges Verhältnis zur Stiefmutter und eine starke Bindung an die knapp eineinhalb Jahre ältere Schwester Angelika.

Christoph Probsts Schulzeit begann mit Privatunterricht bei der Mutter, setzte sich 1927 in einem Kinderheim in Oberstdorf fort. Abhängig war die Schulsituation vom jeweiligen Wohnort des Vaters bzw. der Mutter. Weitere Stationen waren das humanistische Gymnasium in Nürnberg, das Landerziehungsheim Marquartstein und das Neue Realgymnasium München. Dort kam der 15-jährige Christoph Probst in die Klasse Alexander Schmorells. Im März 1935 begann die enge Freundschaft der beiden. Ein neuer Schulwechsel erfolgte schließlich ins Landerziehungsheim Schondorf am Ammersee, wo Christoph im März 1937 die Reifeprüfung ablegte. In Schondorf traf er auf Bernhard Knoop, den jungen Lehrer für Sport, Geschichte, Deutsch und Französisch und Kameradschaftsführer in der Hitlerjugend, der ihm Mentor wurde. Knoop fand auch Gefallen an Angelika Probst, die in München u.a. bei Carl Orff eine Ausbildung in rhythmischer Musikerziehung genoss. Ihre Nähe zum Komponisten der *Carmina Burana* spiegelt sich in Briefen des eifersüchtigen Alexander Schmorell, der sie heftig umwarb. Sie entschied sich dann doch für Bernhard Knoop, 1938 heirateten sie, was eine spätere leidenschaftliche Liebesbeziehung mit Alexander Schmorell nicht verhinderte. Knoop setzte seine pädagogische Karriere als Leiter des Landerziehungsheimes Marienau in Norddeutschland fort, Angelika unterstützte ihn, und Christoph begleitete ihr Tun mit Wohlwollen.

Angelika und Bernhard Knoop waren Nationalsozialisten, ob aus überzeugter Begeisterung oder aus Opportunismus, steht dahin wie bei so vielen Deutschen. Auch Christoph war gerne in der HJ, wo ihn Fahrten und Geländespiele, Sonnwendfeiern und jugendgemäßes Brauchtum faszinierten. 1937 meldete er sich freiwillig zur Luftwaffe. Der Stumpfsinn des Reichsarbeitsdienstes und die sinnlosen Zwänge des Militärs stießen den introvertierten Individualisten dagegen ab. Nicht zur NS-Weltanschauung, aber zum organisierten Zwang ging Christel, wie die Freunde ihn nannten, auf Distanz, und seiner humanistischen Einstellung war militaristisches Denken und Treiben zuwider. Zum Christentum entwickelte er erst ganz allmählich, auch unter dem Einfluss des katholischen Schwiegervaters, ein Verhältnis, das mit der katholischen Taufe in der Todeszelle vor der Hinrichtung die Erfüllung fand.

Nach dem vierten Semester des Medizinstudiums, das Christoph Probst 1938 in München begonnen hatte, wurde er von April bis August 1940 als Sanitätsunteroffizier in einer Flakartillerie-Schule bei Schongau eingesetzt. Dann studierte er wieder in München, tat in den Semesterferien wieder Militärdienst in Schongau. Zum Wintersemester 1941/42 wurde er an die »Reichsuniversität« Straßburg kommandiert. Auch anschließend in München war er, zeitweise kaserniert, Angehöriger einer Studentenkompanie. Im Herbst 1942 wurde er an die Universität Innsbruck befohlen. Probst, der mit knapp 21 Jahren, nach damaligem Recht also noch minderjährig, im Juni 1940 Vater eines Sohnes Klaus Michael geworden war, heiratete im August 1941 seine Freundin Herta Dohrn. Am 30. Dezember 1941 kam das zweite Kind Vincent zur Welt. Die Tochter Katharina Elisabeth Maria wurde am 21. Januar 1943 geboren. Sie war vier Wochen alt, als ihr Vater hingerichtet wurde. Probst hatte für seine Familie eine Wohnung in Lermoos in Tirol gemietet, die von Innsbruck aus leicht erreichbar war und auch den Kontakt zu den Münchner Freunden ermöglichte. Christophs Weg zum Widerstand war so folgerichtig wie sein Weg zum katholischen Glauben. Seine Schwester überliefert die Reaktion auf den Krankenmord der »Euthanasie«-Aktion: »Besonders lebhaft erinnere ich mich an die heilige Erregung, mit der Christoph sich gegen die Tötung der Irren und rettungslos Kranken aussprach, wie er mir, der ich damals nicht ganz so Entsetzliches darin sah, klar machte, dass es den Menschen in keinem Fall zustände, in den Willen Gottes einzugreifen, denn niemand könne doch wissen, was in den Seelen dieser Irren vorgehe und zu welch geheimer Reifung das Leid über sie verhängt sei.«

Am 19. Februar 1943 wurde Christoph Probst in Innsbruck verhaftet und nach München überführt. Zum Verhängnis wurde ihm der Entwurf zum siebten Flugblatt, den Hans Scholl mit sich herumschleppte und vergeblich in der Gestapohaft zu vernichten suchte. In der Vernehmung erklärte Christoph Probst, dass er nicht zum Aktivismus neige. Er sei »im allgemeinen ein unpolitischer Mensch«, er habe deshalb unter den Kriegserscheinungen seelisch gelitten. Christoph Probst rekonstruierte für die Gestapo den teilweise zerstörten Text des Flugblatts und sagte dazu, er habe sich unter dem Einfluss britischer Sender seine innere Not angesichts der Kriegslage von der Seele geschrieben, aber nicht die Absicht gehabt, den Text zu publizieren. Im Prozess bat er um sein Leben, aber nicht aus Angst oder Kleinmut oder geänderter Gesinnung. Der introvertierte Familienmensch wollte seinen drei Kindern den Vater erhalten. Vor der Vollstreckung des Urteils hatte er nicht mehr die Möglichkeit, sich von ihnen zu verabschieden.

Kurt Huber

Professor Kurt Huber, dessen Vorlesung über Leibniz Sophie Scholl gerne hörte, war ein Hochschullehrer mit ausgedehnten Interessen, aber mit fünfzig Jahren in der akademischen Karriere wenig erfolgreich. Persönlich, vielleicht deshalb, war der Vater von drei Kindern schwierig. Am 24. Oktober 1893 geboren, war er wegen einer Kinderkrankheit körperlich behindert, was im Gang, in Zuckungen von Arm und Bein, beim Sprechen und anderen Symptomen auffällig war. In Stuttgart besuchte Huber das gerühmte und angesehene Eberhard-Ludwigs-Gymnasium. Nach dem Abitur und dem frühen Tod des Vaters übersiedelte seine Mutter mit ihren Kindern nach München. Dort studierte er ab 1912 an der Ludwig-Maximilians-Universität Musikwissenschaft, Philosophie und Psychologie. Aufgrund seiner Behinderung war Kurt Huber vom Militärdienst freigestellt. Das hat ihn sehr bekümmert, nicht weniger als dreimal hat sich der Student Kurt Huber vergeblich als Freiwilliger zum Ersten Weltkrieg gemeldet. Kompensiert hat Huber die Enttäuschung seines militärischen Patriotismus mit einem Brettspiel, das er erfand, mit dem Schlachten des Weltkrieges zuhause nachgestellt und nachempfunden werden konnten. Er ließ es patentieren, fand einen Verleger dafür und verdiente sogar Geld mit »General Jedermann (Pandux)«.

Der Promotion in Musikwissenschaft 1917 folgte 1920 die Habilitation in Philosophie und Psychologie. 1926 erhielt der Privatdozent den Titel eines außerplanmäßigen Professors, der aber nicht mit einem Gehalt verbunden war. Das Streben galt einem Lehrstuhl, dem Einkommen und dem Renommee der ordentlichen Professur. Kurt Huber hat dieses Ziel nie erreicht, er litt immer an finanzieller Bedrängnis und gelegentlich wohl an Bitterkeit wegen erfolgreicherer Kollegen. Er war mit dem Historiker Karl Alexander von Müller eng befreundet, einem Star der Münchner Universität und in der Münchner Gesellschaft, früh engagiertem Nationalsozialisten und gefeiertem Autor. Kurt Huber schüttete ihm in Briefen das Herz aus, wenn er sich wieder zurückgesetzt fühlte, wenn Fachkollegen jüdischer Abstammung den Erfolg hatten, der ihm nicht zuteilwurde. Kurt Huber war Antisemit und machte kein Hehl daraus. Außerdem war er nationalistisch und völkisch eingestellt, zur NSDAP hielt er allerdings lange Distanz, weil er im Lager der christlich-katholisch orientierten Bayerischen Volkspartei stand. Seit 1. April 1940 war er dann doch Mitglied der NSDAP. Zweifellos hatte die Entscheidung strategische Gründe hinsichtlich der akademischen Karriere: Zweifel an seiner Loyalität gegenüber dem Staat wollte Huber ausräumen, um doch noch Ordinarius zu werden – nicht zuletzt um seine Familie ernähren zu können.

Ein Forschungsauftrag am Berliner Staatsinstitut für deutsche Musikforschung war von persönlichen Querelen und Animositäten überschattet. Das 1935 gegründete Institut war ideologiekonform zur NSDAP und deren völkischen Idealen. Huber, der sich seit langem mit deutschen Volksliedern beschäftigte, glaubte eine seinen Kompetenzen entsprechende Aufgabe in der Volksmusikforschung gefunden zu haben und wechselte 1937 nach Berlin. Er sah sich dort aber mit Zweifeln an seiner politischen Zuverlässigkeit konfrontiert. Ursachen waren nicht nur sein Temperament, sondern vor allem sein Beharren auf wissenschaftlichen (vor weltanschaulichen) Positionen. In Berlin fühlte sich Huber bald abermals zurückgesetzt, und zwar auf dem Gebiet, das nicht nur eine Kernkompetenz seiner wissenschaftlichen Tätigkeit bildete, sondern auf dem er bereits Pionierarbeit geleistet hatte. Im Wintersemester 1938/39 war Kurt Huber wieder in München und froh, seine bescheiden dotierten Lehraufträge wieder zu haben. Das Mediokre und Vulgäre der Nazis, auch und vor allem derer, die in der Universität den Ton angaben, stießen Huber ab. Aber in der erstrebten Position des Ordinarius hätte er wohl seinen Frieden mit den Verhältnissen gemacht. Seine Philosophie-Vorlesung war für Hörer aller Fakultäten eine Attraktion, nicht zuletzt wegen der Sottisen über Zeitläufte und Prominente der NSDAP. Ein politischer Gegner des Regimes war er damit aber noch nicht.

Vom Nationalsozialismus trennten Huber nicht so sehr die programmatischen Linien. Weder im deutschnationalen Patriotismus noch in der ausgeprägten Abneigung gegen Marxismus von der SPD bis zum Bolschewismus oder den rassistischen und militaristischen Überzeugungen einschließlich der Judenfeindschaft gab es einen grundsätzlichen Dissens Hubers zum Nationalsozialismus. Die Intonation der Ideale der Hitlerbewegung durch deren Vertreter war Huber sicherlich zu vulgär, und sein christlicher Konservatismus stärkte die Reserve gegenüber der NS-Ideologie. Nicht minder das Ideal der Freiheit des Individuums, das der Philosoph Huber ebenso entschieden vertrat wie die Unabhängigkeit von Forschung und Lehre im akademischen Raum. Dem in der Entfaltung an der Universität auch durch das ständige Hineinregieren von Staat und Partei gehemmten außerplanmäßigen Professor war die Bonzenwirtschaft verhasst. Das lässt sich aus dem letzten Flugblatt des Münchner Widerstandskreises, dessen Verfasser er war, herauslesen. Auch in Briefen Kurt Hubers war das ein Thema. Im Grunde war Kurt Huber die Inkarnation des deutschen Professors, dem das Ausüben seiner Gelehrsamkeit wichtiger als anderes war; dazu gehörte die grundsätzlich nationale wie christlich konservative Einstellung ebenso wie die elitäre Liberalität des Bürgers einer altehrwürdigen Universität. Das Verhältnis Hubers zur Partei und zum NS-Regime war lange Zeit durch Konsens mit den Staatszielen bei gleichzeitiger Distanz zu Protagonisten und Methoden bestimmt. Es verschlechterte sich vor dem Hintergrund des Scheiterns der akademischen Ambitionen Hubers und radikalisierte sich wegen der Ein- und Übergriffe nationalsozialistischer Funktionäre in den Universitätsbetrieb. Erheblichen Anteil hatten die Rede des amtierenden Gauleiters Giesler am 13. Januar 1943 und der dadurch ausgelöste studentische Protest sowie die Reaktion der Universität darauf. Maßgeblich für die Hinwendung Hubers zum Widerstand war die militärische Situation, die Katastrophe von Stalingrad, ausgelöst durch den Dilettantismus und Starrsinn des obersten Befehlshabers Hitler. Kurt Huber war ein Mann des späten konservativen Widerstands, ein Patriot, der gegen die Diktatur Hitlers und seiner Partei nationale Mythen beschwor und den Geist der Freiheitskriege, die Anfang des 19. Jahrhunderts die Bildung einer deutschen Nation in der Sehnsucht nach Einheit und Freiheit eingeleitet hatten: »Studentinnen! Studenten! Auf uns sieht das deutsche Volk! Von uns erwartet es, wie 1813 die Brechung des Napoleonischen, so 1943 die Brechung des nationalsozialistischen Terrors aus der Macht des Geistes.« Dieser Appell im letzten Flugblatt der Weißen Rose war das Bekenntnis Kurt Hubers.

Sympathisierende und Unterstützer

Die Münchner Studenten der Weißen Rose waren im bildungsbürgerlichen Milieu aufgewachsen und blieben ihm treu. Abendunterhaltungen, bei denen vorgelesen und diskutiert wurde, gehörten wie Hausmusik und Konzertbesuche zum Angebot der Elternhäuser. Bei einem Leseabend im Hause Schmorell hatten sich Ende Mai 1941 Hans Scholl und Christoph Probst kennengelernt. Im Frühjahr 1942 macht Hans Scholl bei einer solchen Gelegenheit die Bekanntschaft des Architekten Manfred Eickemeyer, der sein Atelier in der Leopoldstr. 38 a in München-Schwabing für die Treffen des Studentenkreises zur Verfügung stellt. Mitte Juni 1942 begegnen die Geschwister Scholl und Christoph Probst bei einem literarischen Abend in der Wohnung des Ehepaares Mertens in der Schönfeldstraße erstmals Kurt Huber privat und verständigen sich über ihre politischen Ansichten. Im Sommer 1942 besuchen der katholische Publizist Carl Muth und die Schriftsteller Theodor Haecker und Sigismund von Radecki Leseabende, zu denen Hans Scholl und Alexander Schmorell ins Atelier Eickemeyer einluden. Den Vorträgen folgt der Meinungsaustausch. Anfang Juli 1942 wird Willi Graf nach einer weiteren Lesung Theodor Haeckers in den engeren Kreis der studentischen Opposition einbezogen. Wenig später, am 22. Juli 1942, treffen sich im Atelier Eickemeyer Hans und Sophie Scholl, Alexander Schmorell, Willi Graf und Christoph Probst mit Traute Lafrenz, Gisela Schertling, Katharina Schüddekopf und Hans Hirzel. Manfred Eickemeyer und Kurt Huber sind ebenfalls in der politischen Debatte engagiert.

Neben dem Professor Kurt Huber, der sich auch als Flugblattautor im Kreis der Weißen Rose exponierte, hatten vor allem Carl Muth (1867–1944) und Theodor Haecker (1879–1945) prägenden Einfluss auf die Studenten. Der Publizist Muth vertrat als Gründer (1903) und Herausgeber der Zeitschrift *Hochland* (die 1941 vom NS-Regime verboten wurde) einen weltoffenen Reformkatholizismus. Muth führte in München-Solln ein offenes Haus, er lebte die Tugenden Einfachheit und Güte und nahm damit Menschen für sich ein. Hans Scholl lernte ihn, zusammen mit seiner Schwester Inge, im August 1941 kennen. Die protestantischen Geschwister, Hans und Inge, etwas später auch Sophie, fühlten sich in schwärmerischer Begeisterung zu Muth hingezogen. Hans Scholl kam ihm nahe, als er den Auftrag erhielt, Muths Bibliothek zu ordnen. Muth weckte das glühende Interesse der protestantischen Geschwister Scholl für den christlichen Humanismus reformkatholischer Observanz, machte sie mit dem Werk von Paul Claudel und anderen Denkern bekannt. Die Nähe zu diesem Katholizismus ist den Flugblättern abzulesen, und Inge Scholl hat den Schritt zur katholischen Taufe ein Jahr nach dem Tod von Hans und Sophie getan.

Im Hause Muth lernten die Geschwister auch Theodor Haecker kennen, der ebenfalls bekennender Katholik war und mit seinem Buch *Vergil, Vater des Abendlandes* (1932) das Christentum als Kulturmacht definierte. Haecker hatte seit

Franz J. Müller: Im Gefängnis – Erinnerungen

Franz J. Müller (1924–2015) war als Schüler in Ulm mit der Weißen Rose in Berührung gekommen. Er war 18 Jahre alt, als er verhaftet, erst im Gestapogefängnis verhört, dann ins Untersuchungsgefängnis München-Neudeck verlegt wurde. Am 19. April 1943 stand er vor dem Volksgerichtshof. Wie sein Klassenkamerad Hans Hirzel wurde er zu fünf Jahren Haft wegen Unterstützung des Widerstandskreises verurteilt.

»Spätabends wurden alle Angeklagten, Männer und Frauen getrennt, im Gefangenenauto zur zentralen Strafanstalt München-Stadelheim gebracht. Wortkarg die zum Tode Verurteilten, erleichtert wir Jungen, mit dem Leben Davongekommenen. Die zwei Wachtmeister im Wagen hatten keinen Einwand, als Falk Harnack eine Zigarette anzündete, sie mit Willi Graf und Alexander Schmorell rauchte. Bei der Aufnahme im Gefängnis wurde befohlen: ›Zum Tode Verurteilte rechts rüber, Zeitstrafen links!‹

›Der Gefangene kann am Kirchgang teilnehmen.‹ Da kamen auch die Todeskandidaten. Wir gingen natürlich auch hin. Es war ja *die* Gelegenheit für alle Gefangenen, aus der Zelle herauszukommen. Da konnte nicht genau überwacht werden. Die Wachtmeister standen rechts und links an den Wänden, und man flüsterte. Die Wachtmeister durften in der Kirche nicht einfach losbrüllen. Die merkten sich höchstens Einzelne und nahmen sie sich später vor.

Für die Katholiken gab es eine Messe mit Kommunion. Großes Gedränge nach vorne. Ich schaffte es einmal, neben Professor Huber zu kommen, Worte zu wechseln. Willi traf ich im Durcheinander, dann auch an der Kommunionbank. Er sagte etwas wie ›Gnadengesuch‹, ›Chance auf Lebenslänglich oder Einsatz im Osten.‹ Auf jeden Fall glaubte er wohl, hinauszögern zu können. Die Bomber kamen jetzt immer häufiger bis nach München, waren also über ganz

Deutschland. Und das waren nicht die Feinde für uns. Das waren Freunde, das gab Hoffnung, vielleicht auch für Willi Graf.

In dem riesigen Gefängnis waren wir, Heiner Guter, Hans Hirzel und ich, Klassenkameraden und Abiturienten aus dem Ulmer Gymnasium, etwa sechs Wochen in Einzelhaft. Wir waren abgemagert, hungerten schrecklich.

Einige Tage später kamen wir auf Transport. Von einem Wachtmeister wurden wir quer über den großen Platz zu einem ummauerten Hof geführt. Er schloss die Tür auf, und wir standen vor Gefangenen, die mit gefesselten Händen um ein Viereck zu gehen hatten: Es waren die Todeskandidaten, die in den benachbarten ›Todeszellen‹ auf ihre Hinrichtung warten mussten. Wir suchten mit den Augen nach unseren Freunden. Plötzlich kamen Professor Huber, Willi Graf und Alexander Schmorell an uns vorbei. Sie durften kurz stehen bleiben. Wenige Worte: ›Lebt wohl!‹ oder ›Alles Gute!‹ Ich weiß es nicht mehr. Gerade noch glücklich, einander wiederzusehen, trafen wir auf die zum Tode verurteilten Freunde. Wir würden sie nicht mehr wiedersehen. Sie sahen erschöpft aus. Wir hoben die Hände zum Abschied.

Ich halte es für möglich, dass uns diese Gelegenheit bewusst gegeben wurde. Möglicherweise hatte der Direktor von Stadelheim es verfügt.

Ende April 1945 wurden Hans Hirzel und ich von US-Truppen befreit. Vorher hatten wir schon erfahren, dass Professor Huber und Alexander Schmorell am 13. Juli, Willi Graf am 12. Oktober 1943 hingerichtet worden waren.

Anneliese, die jüngere Schwester von Willi Graf, wurde nach 4 Monaten aus der Gestapo-Untersuchungshaft entlassen. Sie war von ihrem Bruder bewusst nicht in die Aktionen der Weißen Rose eingeweiht worden.

Wir alle hatten unsere Familien, Freunde und Verwandten vor der Gestapo schützen wollen.«

1935 Vortrags-, seit 1938 Publikationsverbot, womit das NS-Regime einen kritischen Geist mundtot zu machen suchte. In seinen *Tag- und Nachtbüchern* (posthum 1947 erschienen) setzte sich Haecker ähnlich wie Viktor Klemperer in seinen Tagebüchern kritisch mit dem Nationalsozialismus auseinander. Die Gestapo wurde nach der Verhaftung der Geschwister Scholl und ihrer Freunde auch bei den Sinnstiftern der Weißen Rose vorstellig. Der 76-jährige Carl Muth entging mangels Beweisen und durch selbstbewusstes Auftreten der Verhaftung. Theodor Haecker wurde dagegen gefangen genommen, ein Prozess gegen ihn wurde jedoch eingestellt. Die Gestapo hatte beide als entscheidende intellektuelle Urheber des Widerstands der Weißen Rose in Anspruch nehmen wollen.

Im November 1942 reisten Hans Scholl und Alexander Schmorell nach Stuttgart, um den Buchprüfer Eugen Grimminger aufzusuchen. Grimminger, 50 Jahre alt, in Crailsheim geboren, literarisch ambitioniert, mit einer Jüdin verheiratet und mit dem Vater Robert Scholl landsmannschaftlich, kollegial und freundschaftlich verbunden, war politischer Gegner der Nationalsozialisten. Die beiden Münchner Studenten weihten ihn ohne weiteres in ihre Widerstandsaktivitäten ein und fanden offene Ohren. Grimminger gab ihnen Geld und sammelte in seinem Bekanntenkreis weitere Mittel. Bei einem zweiten Besuch der Studenten in Stuttgart wurden wenig später mögliche Verbindungen zu anderen Regimegegnern diskutiert und die Notwendigkeit von Auslandskontakten erörtert. Grimminger unterstützte die Weiße Rose mit einer weiteren Geldsumme, besorgte ein Vervielfältigungsgerät (das seine Sekretärin am Tag der Verhaftung der Geschwister Scholl bei ihnen abliefern wollte). Am 2. März 1943 wurde Grimminger von der Gestapo verhaftet. Es gelang ihm, Hinweise auf andere

Beteiligte zu vernichten, und im Prozess konnte ihm lediglich eine Spende von 500 Reichsmark nachgewiesen werden. Dank der geschickten Zeugenaussagen seiner Sekretärin verurteilte der Volksgerichtshof am 19. April 1943 Grimminger, der die Aktivitäten des Widerstandskreises maßgeblich finanziert hatte, »nur« zu zehn Jahren Zuchthaus. Er verbüßte die Strafe bis 1945 in Ludwigsburg, seine Frau Jenny wurde in dieser Zeit als Jüdin nach Auschwitz deportiert und dort am 2. Dezember 1943 ermordet. Nach der Befreiung nahm Grimminger wieder am öffentlichen Leben teil, als liberal-konservativer, jedoch nicht parteigebundener Gemeinderat in Stuttgart und in zahlreichen Ehrenämtern. Über seine Rolle im Widerstand der Weißen Rose äußerte er sich öffentlich nicht, übte freilich diskret Kritik an der verherrlichenden Nachkriegshistoriographie über den Kreis. 1986 ist er gestorben.

Zu den Unterstützern und Wissenden gehörte auch Josef Furtmeier, ein 1933 entlassener mittlerer Beamter des bayerischen Justizdienstes mit umfassender literarischer Bildung, der Hans Scholl mit einem Freund, dem Architekten Manfred Eickemeyer, bekannt machte. Dieser war zur Regierung des Generalgouvernements in Krakau dienstverpflichtet, wo er angesichts der deutschen Besatzungspolitik in Polen zum Regimegegner geworden war. Einflussreich waren auch der katholische Priester Max Schwarz und der Kulturhistoriker Professor Alfred von Martin. Als Mitwisser standen in einem dritten Prozess am 13. Juli 1943 vor dem Landgericht München I Harald Dohrn, der Schwiegervater Christoph Probsts, der Architekt Manfred Eickemeyer, der Kunstmaler Wilhelm Geyer und der Buchhändler Joseph Söhngen unter Anklage. Aber nur Söhngen wurde zu sechs Monaten Gefängnis verurteilt.

Die Weiße Rose und die Juden

Weder in der öffentlichen Rezeption noch in der Widerstandsforschung war es lange Zeit von Interesse, ob die Entrechtung und Verfolgung von Minderheiten für die Opposition gegen den NS-Staat als Motiv eine Rolle spielten. Das Schicksal von Homosexuellen und anderen von der Naziideologie so genannten Gemeinschaftsfremden, von Sinti und Roma, von religiösen Gruppen jenseits der beiden großen christlichen Kirchen interessierte die Mehrheit wenig oder gar nicht. Dem monströsen Menschheitsverbrechen des Judenmords unter NS-Ideologie wurde in den ersten Jahrzehnten nach dem Zusammenbruch der NS-Herrschaft allenfalls pflichtschuldiges gezwungenes Interesse entgegengebracht. Die Ressentiments gegen Minderheiten, die älter sind, aber unter nationalsozialistischer Ideologie erfolgreich kultiviert wurden, dauerten fort, wurden durch Gefühle von Scham und Schuld noch verstärkt und gingen in der allgemeinen Amnesie über die Verbrechen der Nationalsozialisten auf. Das galt in erster Linie für die Sinti und Roma, die unter der stigmatisierenden Bezeichnung »Zigeuner« verfolgt worden waren, deren Diskriminierung nach 1945 anhielt und denen Entschädigung verweigert wurde. Auch die Homosexuellen blieben verfemt, und verdächtig waren überhaupt alle, die im KZ gewesen waren.

So wurde lange Zeit auch nicht nach der Einstellung der Verschwörer des 20. Juli oder des Kreisauer Kreises oder anderer Widerstandskämpfer zur Verfolgung und Ermordung der Juden (geschweige der Sinti und Roma oder der »Zeugen Jehovas«) gefragt. Die Frage nach Positionen – nicht nur von Widerstandskämpfern – gegenüber Juden, Judenverfolgung und Judenmord ist legitim und bedarf keiner besonderen Begründung, und das Argument, das spätere Wissen über Auschwitz dürfe nicht rückverlängert werden auf die Zeitgenossen, von denen tatsächlich viele keine Details des Judenmords kannten, ist nicht stichhaltig. Denn die Frage nach den Motiven oppositionellen Denkens und Verhaltens ist konstitutiv für die Erforschung des Widerstandes, ebenso wie die Frage nach der Kenntnis der Deutschen von den Verbrechen des NS-Regimes und ihr Verhalten angesichts von Wissen, Nichtwissenwollen und tatsächlichem Unwissen zentrale Bedeutung hat. Denn der Mythos, »die Deutschen« hätten insgesamt »nichts gewusst«, und nichts wissen können, wurde zur Lebenslüge einer Generation, die nach dem Zusammenbruch des Regimes und der Ächtung seiner Ideologie beteuerte, entweder nichts gewusst zu haben oder trotz Wissens oder Ahnens ohnmächtig gewesen zu sein, weil man gegen den Terror der Nationalsozialisten nichts habe machen können. Es ist also ebenso wichtig, zu fragen, warum Einzelne Widerstand geleistet haben, was sie dazu bewog, wie den Gründen nachzugehen, warum die Mehrheit von den Verbrechen des Regimes nichts wissen wollte.

Wie erklärt sich dann aber das Zusehen beim Abtransport jüdischer Nachbarn, von denen man nie wieder hörte, zuvor das Erlebnis der Ereignisse der »Reichskristallnacht« vom 9. November 1938, bei denen Gewalt in aller Öffentlichkeit geübt und öffentlich verherrlicht wurde? Wie reagierten die Familienangehörigen, Freunde, Dorfbewohner, denen Soldaten beim Urlaub von der Ostfront von Massenerschießungen der Juden, die sie gesehen hatten, erzählten? Wie erklärt sich das Geraune über Seife, die angeblich aus »Judenfett« hergestellt werde, und was dachten sich Bürger, die über Konzentrationslager Witze machten? Ein Teil der Erklärung liegt gewiss in der Tatsache, dass die Geschicke von Minderheiten, seien es »Ernste Bibelforscher«, Juden, »Zigeuner« oder andere »Fremde« die Mehrheit nur wenig oder gar nicht interessieren. Man ist froh, nicht zu den Missliebigen und Unerwünschten zu gehören, passt sich herrschender Meinung und geltendem Trend an oder arrangiert sich wenigstens unauffällig.

Auch die Geschwister Scholl und ihre Freunde waren nicht von allem Anfang an kritisch oder feindlich dem Nationalsozialismus gegenüber eingestellt, so wenig wie der Widerstandskreis um den ehemaligen Leipziger Oberbürgermeister Carl Goerdeler oder wie der Hitlerattentäter Graf Stauffenberg und dessen Freunde in der Wehrmacht. Auch für den Kreis der Weißen Rose galt, was für die Mehrheit der Deutschen zutraf: Die Gefühle gegenüber den jüdischen Bürgern waren bestenfalls indifferent, in der Regel von Ressentiments bestimmt, die traditionellem, religiös motiviertem Antijudaismus oder auch rassistisch begründetem Antisemitismus entsprangen. Das musste nicht mit der Billigung der Judenpolitik der Nationalsozialisten einhergehen, und die üblichen Ressentiments der Bevölkerung gegenüber Juden – wobei Unterschiede gemacht wurden zwischen assimilierten deutschen Juden und den auch äußerlich wegen ihrer Sprache und Tracht fremdartig erscheinenden »Ostjuden« – waren oftmals mit deutlicher Reserve gegenüber dem fanatischen Judenhass verbunden. Das konnte sich äußern, indem man einem mit dem Judenstern Stigmatisierten einen Platz in der Straßenbahn anbot, einer jüdischen Zwangsarbeiterin etwas Essbares zusteckte, in jüdischen Geschäften einkaufte, solange es diese noch gab, oder später gar Juden versteckte und ihnen zum Überleben verhalf.

In den Briefen und Tagebüchern des Freundeskreises der Weißen Rose gibt es keine Hinweise darauf, dass die Ausgrenzung, Diskriminierung und Verfolgung der Juden ihn stark bewegt hätte. Auch in den Vernehmungen der Gestapo waren Juden und der Judenmord keine Themen. In den Flugblättern der Weißen Rose erscheinen Juden allerdings gelegentlich. Im zweiten Flugblatt im Sommer 1942 lautet die von Alexander Schmorell verfasste Passage zum Judenmord in Polen: »Nicht über die Judenfrage wollen wir in diesem Blatte schreiben, keine Verteidigungsrede verfassen – nein, nur als Beispiel wollen wir die Tatsache kurz anführen, die Tatsache, dass seit der Eroberung Polens dreihunderttausend Juden in diesem Land auf bestialische Art ermordet worden sind.« Das klingt merkwürdig distanziert, zum einen wegen des Terminus »Judenfrage«, der suggeriert, es habe ein Problem mit den Juden existiert, das gelöst werden musste, zum zweiten wegen der Verwahrung, über die »Judenfrage« zu schreiben und keine »Verteidigungsrede« zu verfassen (wer hätte verteidigt werden sollen? Gewiss nicht die Nationalsozialisten, aber wofür dann die Juden?).

Weiter geht es in dem Flugblatt in humanistischer Empörung: »Hier sehen wir das fürchterlichste Verbrechen an der Würde des Menschen, ein Verbrechen, dem sich kein ähnliches in der ganzen Menschengeschichte an die Seite stellen kann. Auch die Juden sind doch Menschen – man mag sich zur Judenfrage stellen wie man will – und an Menschen wurde solches verübt.« Das Mitleid mit den Juden ist mit einem deutlich hierarchisierenden Werturteil verbunden, und die »Judenfrage« wird noch eindeutiger als zu Beginn als Hinweis auf notwendige oder berechtigte Handlungsweisen apostrophiert. Noch apodiktischer wird die Ausgrenzung im nächsten Satz: »Vielleicht sagt jemand, die Juden hätten ein solches Schicksal verdient; diese Behauptung wäre eine ungeheure Anmaßung; aber angenommen, es sagte jemand dies, wie stellt er sich dann zu der Tatsache, dass die gesamte polnische adelige Jugend vernichtet worden ist (Gäbe Gott, dass sie es noch nicht ist!)?«

Die gerechte Empörung über die nationalsozialistischen Verbrechen und über die Apathie der Deutschen ihnen gegenüber ist nicht frei von elitären Zügen; die herablassende Sentenz, Juden seien doch auch Menschen, musste so gelesen werden, dass man nicht einmal Juden so behandeln dürfe, geschweige denn die adelige Jugend Polens. Mit der Beteuerung, die »Judenfrage« nicht erörtern zu wollen, wurde vielleicht die Absicht verfolgt, einen möglichst großen Kreis von regimekritischen Lesern zu erreichen, wahrscheinlicher ist jedoch die traditionelle und weiter nicht reflektierte Reserve gegenüber Juden als Anhängern einer Religion, die verstockt die Heilslehre der Erlösung durch Jesus Christus ablehnten und deshalb seit Jahrhunderten ausgegrenzt waren. Dass die Ausgrenzung zu Recht erfolgte, lernte man im christlichen Religionsunterricht. Antijudaismus war ebenso protestantische wie katholische Überzeugung und nicht minder in der ostkirchlichen Orthodoxie.

Urheber der einschlägigen Passagen im zweiten Flugblatt war Alexander Schmorell. Im fünften Traktat der Münchner

Studenten gibt es eine zweite Erwähnung der jüdischen Tragödie, verfasst hat sie Hans Scholl. In Analogie zum christlich antijudaistischen Bild, nach dem die Juden für den Gottesmord, für ihre Selbstbewusstheit als »auserwähltes Volk« gerechte Strafe erleiden müssten, lautet die Passage: »Deutsche! Wollt Ihr und Eure Kinder dasselbe Schicksal erleiden, das den Juden widerfahren ist? Wollt Ihr mit dem gleichen Masse gemessen werden, wie Eure Verführer? Sollen wir auf ewig das von aller Welt gehasste und ausgestoßene Volk sein? Nein! Darum trennt Euch von dem nationalsozialistischen Untermenschentum!« Anzumerken wäre auch die unkritische Übernahme des rassistischen NS-Begriffs Untermenschentum (die nicht nur an dieser Stelle erfolgt), zentral ist aber die in den Flugblättern wiederholt erscheinende Idee des christlichen Antijudaismus von der Strafe der Juden durch Zerstreuung als Volk und daraus resultierender kollektiver Missachtung. Das hatte nicht nur Martin Luther so gepredigt, das war auch jahrhundertealte katholische Überzeugung.

Was gegenüber den Juden offensichtlich als historisch gerecht empfunden wird, ist den Deutschen bei anhaltender Gefolgschaft zu Hitler und dem Nationalsozialismus – in Analogie zur Verstocktheit der Juden hinsichtlich des Alten Testaments – angedroht und unausweichbares Schicksal. Die Viktimisierung der Deutschen ist ein bereits im ersten Flugblatt angedeuteter Gedanke, der im fünften Sendschreiben Anfang 1943 zur Apokalypse verdichtet ist. Ohne den studentischen Urhebern der Flugblätter Sympathien für die Judenfeindschaft im Sinne des nationalsozialistischen Antisemitismus attestieren zu wollen, ist festzustellen, dass sie die Denkfiguren des christlichen Antijudaismus so verinnerlicht hatten, dass sie sich berechtigte Bestrafungsanalogien zwischen Deutschen und Juden vorstellen konnten. Die mörderische Verfolgung der Juden im Zeichen rassistischer Ideologie im Holocaust bewegte die Geschwister Scholl und ihre Freunde jedenfalls nicht so sehr, dass sie dem in ihren Traktaten Ausdruck verliehen hätten.

Dass sie darin anderen Oppositionsgruppen gleich waren, bedeutet nicht, dass es nicht auch Widerstand gab, dessen Motiv Solidarität und Hilfe für Juden gewesen ist. Dafür steht die Gruppe »Onkel Emil« in Berlin, in der junge Leute um die Journalistin Ruth Andreas-Friedrich und den Dirigenten Leo Borchard Widerstand leisteten, indem sie Juden versteckten, Lebensmittel für Untergetauchte organisierten, Angehörigen der tödlich bedrohten Minderheit ideell und materiell beim Überleben nach Kräften halfen.

Wirkungen: Opposition im Chemischen Institut

Am 18. Februar 1943, jenem Tag, an dem in München Sophie und Hans Scholl nach ihrer Tat im Lichthof der Universität verhaftet wurden, jener Tag, an dem Reichspropagandaminister Goebbels im Berliner Sportpalast unter frenetischem Beifall den »Totalen Krieg« ausrief, lasen zwei Studierende im Chemischen Labor der Münchner Universität das Flugblatt *Kommilitonen, Kommilitoninnen.* Hans Leipelt und seine Freundin Marie-Luise Jahn waren begeistert. Sie kannten niemanden aus dem Kreis der Weißen Rose, aber sie fühlten sich angesprochen, gesinnungsverwandt, sie teilten die Kritik am Dritten Reich und wollten Widerstand leisten. Hans Konrad Leipelt, am 18. Juli 1921 in Wien geboren, hatte sich nach dem Abitur zum Reichsarbeitsdienst gemeldet, von April bis Oktober 1938 war er beim Bau des Westwalls eingesetzt, dann nahm er als Soldat in einem Infanterieregiment am Polen- und am Frankreichfeldzug teil. Im Juni 1940 wurde er mit dem Eisernen Kreuz II. Klasse und dem Panzerkampfabzeichen in Bronze dekoriert.

Im August erhielt er jedoch den Abschied aus der Wehrmacht, weil er eine jüdische Mutter hatte. Dem »Halbjuden«

war dies eine bittere Kränkung, die sich an der Hamburger Universität fortsetzte, als er nach drei Semestern auch vom Studium ausgeschlossen wurde. Er ging nach München, wo der Nobelpreisträger Heinrich Wieland als Ordinarius und Chef des Chemischen Instituts es sich leisten konnte, sein Renommee zu Gunsten »rassisch« unerwünschter Studierender einzusetzen. Neben Hans Konrad Leipelt arbeiteten als »persönliche Gäste« des Geheimrats Wieland Studenten ohne im Sinn der NS-Ideologie und der ihr folgenden Universitätsstatuten ordnungsgemäße Immatrikulation im Institut.

Hans Leipelts Mutter war promovierte Chemikerin, sie stammte aus einer liberalen jüdischen Familie. Der Vater war Diplom-Ingenieur. Das Elternhaus in Hamburg, wohin der väterliche Beruf als Betriebsleiter die Familie geführt hatte, war deutsch-national eingestellt und christlich mit der protestantischen Mutter und dem katholischen Vater. Mit dessen frühem Tod im September 1942 endete der schützende Status der »privilegierten Mischehe« der Eltern. Der (im NS-Verständnis) »jüdische« Partner blieb, solange die Ehe bestand, von den anfänglich ausgrenzenden und dann mörderischen Maßnahmen der NS-Politik verschont. Voraussetzung war, dass Kinder der »Mischehe« nicht der jüdischen Religionsgemeinschaft angehörten. Der Tod des nichtjüdischen Partners oder die Scheidung beendeten den Schutz des jüdischen Partners.

Das bedeutete, dass Hans Leipelts Mutter jetzt den Judenstern tragen und alle Diskriminierungen, die Juden galten, ertragen musste. An ihrem Arbeitsplatz, einem chemischen Labor in Hamburg, war sie nicht mehr Wissenschaftlerin, sondern nur noch die Helferin, die Reagenzgläser spülte. Die Angst vor der Deportation bestimmte nach dem Tod des Mannes den Alltag. Hans Leipelts Großmutter, die im Hamburger

Haushalt seiner Eltern gelebt hatte, wurde im Juli 1942 ins Ghetto Theresienstadt deportiert, wo sie zugrunde ging.

Hans Leipelt, der nach dem Tod des Vaters den offiziellen Status »Halbjude« mit allen negativen Folgen hatte, den der entehrende Ausschluss aus der Wehrmacht verbitterte, den die Hamburger Exmatrikulation kränkte, hatte viele persönliche Gründe, Gegner des Nationalsozialismus zu sein. Die erlittene Ausgrenzung erfüllte ihn mit glühendem Hass gegen das Regime. Das erklärt auch die in seiner Sozialisation nicht angelegte Sympathie für sozialistische und kommunistische Ideen, seine Parteinahme für die Sowjetunion. Hans Leipelt war durch sein persönliches Schicksal geprägt, bei ähnlichem bildungsbürgerlichem familiärem Hintergrund wie die Studenten der Weißen Rose, entschiedener zum Widerstand als Kampf mit aller Konsequenz motiviert als die Geschwister Scholl und ihre Freunde. Aber Hans Leipelt war ein junger Mann, der diesen Kampf gegen das verhasste NS-Regime eher in Phantasien lebte, als planmäßig zu Werke zu gehen.

An der Münchner Universität verliebte er sich in die drei Jahre ältere Kommilitonin Marie-Luise Jahn, eine behütete Gutsbesitzerstochter aus Ostpreußen, die Privatunterricht genossen, dann ein Lyzeum in Ostpreußen und schließlich das Internat der Königin-Louise-Stiftung in Berlin besucht hatte. 1939 absolvierte sie den Reichsarbeitsdienst, im Frühjahr 1940 nahm sie das Studium der Chemie in München auf. Im Winter 1942/43 beginnt die Freundschaft mit Hans Leipelt. Auch Marie-Luise steht dem Nationalsozialismus skeptisch gegenüber. Nach ihrer Erinnerung war der 13. Januar 1943, an dem NS-Gauleiter Giesler mit seiner sexistischen Rede Studenten zum Protest provoziert hatte, ein Schlüsselereignis, ein »Hoffnungsschimmer für uns, dass endlich etwas passieren würde.

Allen Studenten war befohlen worden, an der Veranstaltung im Kongresssaal des Deutschen Museums teilzunehmen – Grund genug für mich, mich zu widersetzen und nicht hinzugehen. Hans, der sehr gut stenografieren konnte, besuchte die Veranstaltung und schrieb die gesamte Rede mit allen Zwischenrufen mit. Freudestrahlend kam er anschließend zu mir und sagte: ›Der Protest der Studenten über die unverschämte Rede Gieslers war großartig – endlich lehnen sie sich gegen die Nazis auf!‹ Wir dachten, dass damit Bewegung in die Studentenschaft gekommen sei, dass Studenten einen Aufstand machen würden. Aber nichts dergleichen geschah. Die Niederlage von Stalingrad, die selbst das Regime nicht mehr verheimlichen oder schönreden konnte, hatte uns beide zutiefst erschüttert. Wir waren entsetzt über die vielen sinnlosen Opfer, die der Krieg, Hitlers Krieg, forderte. In unseren Gesprächen waren wir uns einig, dass die Nazis ›weg mussten‹, damit endlich der fürchterliche Krieg aufhören konnte. Wir hofften so sehr darauf, dass mehr Deutsche, dass alle Deutsche, die Dinge so sehen und entsprechend handeln würden.«

Dass Hans Leipelt die ominöse Veranstaltung am 13. Januar 1943 im Kongresssaal des Deutschen Museums in München besucht und die Rede des Gauleiters mitstenografiert hat, ist sehr unwahrscheinlich, obwohl seine Freundin dieses im Abstand mehrerer Jahrzehnte behauptete. Warum hätte er, als entschiedener Feind der Nationalsozialisten, der mit regimekritischen Bemerkungen auch in der Universitätsöffentlichkeit nicht geizte, an einer höchst systemkonformen Veranstaltung als Komparse mitwirken sollen? Da die Studierenden nach Geschlechtern getrennt im Saale saßen, wäre ihm als Zivilisten unter den feldgrauen Kommilitonen die Ausstoßung aus der Wehrmacht in kränkender Weise besonders bewusst gewesen. Die Verbreitung der Rede des Gauleiters Giesler mit abfälligen Kommentaren wurde Leipelt trotzdem zu Recht als staatsfeindliche Handlung zur Last gelegt, unklar bleibt nur, wie er zu dem Text gekommen ist, und völlig unstrittig ist die Bedeutung des Ereignisses für die studentische Opposition in München.

Das Chemische Institut des Geheimrats Wieland war der Ort, an dem sich studentisches widerständiges Verhalten nach dem Ende der Weißen Rose entfaltete. Eine Wurzel war die Sympathie zum Kreis um die Geschwister Scholl nach deren Verhaftung. Kontakte hatte es nicht gegeben, aber nach deren Ende fühlten sich die »Gäste« des Institutschefs Wieland solidarisch mit der Weißen Rose.

Im Chemischen Institut fand deren letztes Flugblatt, das Hans Leipelt im Februar 1943 erhalten hatte, aufmerksame Leser. Ob es, wie Marie-Luise Jahn in zahlreichen Interviews als Zeitzeugin nach 1945 berichtete, mit einer Reiseschreibmaschine abgetippt und in Durchschlägen im Institut verteilt wurde, ist fraglich. Die Überschrift »Und ihr Geist lebt trotzdem weiter«, die Leipelt über das Huber-Flugblatt gesetzt haben soll, ist jedenfalls eine Legende. Aber der Text, das ist erwiesen, wurde im Chemischen Institut herumgereicht, vorgelesen, diskutiert. Auch eine Solidaritätsaktion für Clara Huber, die Witwe des hingerichteten Professors Kurt Huber nahm im September 1943 ihren Ausgang im Chemischen Laboratorium des Nobelpreisträgers Wieland. Wolfgang Erlenbach und Franz Treppesch waren die Initiatoren, Hans Leipelt bemühte sich auch bei Hamburger Freunden um Spenden. Es kam ein wenig Geld zusammen. Ob es jedoch die völlig mittellose Witwe Huber tatsächlich erreichte, ist nicht klar. Aber das Bemühen, ihr zu helfen, wurde der Gestapo denunziert. Das Bemühen um Solidarität, das einen nachträglichen Brückenschlag zur Weißen Rose bedeutete, wurde als staatsfeindliche Tat gewertet und den Studenten zur Last gelegt.

Am 8. Oktober 1943 verhaftete die Geheime Staatspolizei Hans Leipelt, zehn Tage später seine Freundin Marie-Luise Jahn. Am 9. November wurden Hans' Schwester Maria und am 7. Dezember seine Mutter in Hamburg festgenommen. Diese, Dr. Katharina Leipelt, starb wenig später, am 8./9. Dezember, in der Gestapohaftanstalt Fuhlsbüttel. Wahrscheinlich hat sie den Freitod weiterer Diskriminierung vorgezogen.

Ein Jahr lang warteten Hans Leipelt und Marie-Luise Jahn im Münchner Gestapogefängnis auf ihren Prozess vor dem Volksgerichtshof. Erst am 13. Oktober 1944 trat in Donauwörth im bayerischen Schwaben das Tribunal zusammen. Der 2. Senat des Volksgerichtshofs war dorthin gereist, denn wegen des Luftkriegs standen nicht mehr überall Gerichtsgebäude zur Verfügung. Die Besetzung des Gerichts war weniger prominent als im Prozess gegen die Mitglieder der Weißen Rose. Vor allem fehlte der berüchtigte Präsident Freisler, sei es, weil der Volksgerichtshof in Berlin im Herbst 1944 immer noch mit den Verschwörern des 20. Juli beschäftigt war, sei es, weil die Causa Leipelt geringeren Stellenwert für die NS-Justiz hatte.

Neben Hans Leipelt und Marie-Luise Jahn saßen fünf weitere Beschuldigte auf der Anklagebank: Wolfgang Erlenbach, Student der Chemie, Franz Treppesch, Angestellter, Hedwig Amalie Elisabeth Schulz, geborene Freifrau von Perfall, sowie die beiden Studierenden Valentin Freise und Liselotte Dreyfeldt. Die letztgenannte wurde freigesprochen. Zwei Jahre Zuchthaus erhielt Hedwig Schulz wegen des Hörens ausländischer Rundfunksendungen und weil sie Kenntnis der hoch- und landesverräterischen Aktivitäten Hans Leipelts hatte, diese aber nicht zur Anzeige brachte. Die mit einem Freund

Leipelts jungvermählte Hedwig Schulz hatte während der Abwesenheit ihres Mannes, der zur Wehrmacht einberufen war, ein Verhältnis mit Hans Leipelt. Alles deutet darauf hin, dass ihr Ehemann Johann Schulz die Gestapo informierte. Er selbst wurde, obwohl er mindestens ebensolche »Rundfunkverbrechen« wie seine Frau begangen hatte und obwohl er von den regimekritischen Absichten und den Flugblättern wusste, die sein Freund verteilte, von der Gestapo und der Justiz nicht behelligt.

Die Studenten Wolfgang Erlenbach und Valentin Freise wurden zu Gefängnisstrafen von zwei Jahren bzw. einem Jahr verurteilt. Gegen Leipelt und Jahn hatte der Vertreter des Oberreichsanwalts die Todesstrafe beantragt. Hans Leipelt wurde wegen ständigen Abhörens ausländischer Rundfunksendungen, wegen staatsfeindlicher bolschewistischer Propaganda unter Studierenden – gewertet als Wehrkraftzersetzung und Feindbegünstigung – zum Tod verurteilt. Das Gericht hielt ihm in der Urteilsbegründung vor, er habe insofern »eine besondere Begünstigung erfahren, als ihm durch die Rückziehung aus dem Wehrdienst die Möglichkeit gewährt wurde, ungehindert seiner Berufsausbildung nachzugehen, während alle waffenfähigen deutschen Männer an der Front stehen. Diese Vergünstigung hat er damit vergolten, daß er sich an deutsche Jünglinge und Mädchen heranmachte, sie in überaus dreister Weise gegen ihr eigenes Volk aufhetzte und so auf den Zusammenbruch unseres Volkes hinarbeitete. Alle Mitangeklagten sind, soweit sie verurteilt sind, mehr oder weniger ein Opfer dieses Angeklagten, der in überaus geschickter Weise es verstanden hat, seine zersetzenden Ideen zu verbreiten. Wie stark der verbrecherische Wille des Angeklagten war, geht aus seinen Äußerungen hervor, in denen er sich selbst bereiterklärt, führende Männer des Nationalsozialismus zu beseitigen und Terror- und Sabotageakte zu verüben. Zieht man ferner in Betracht, daß der Angeklagte seine verbrecherische Tätigkeit in der Notzeit des Krieges entfaltet hat, in dem das ganze Volk die äußerste Kraft aufbringen muß, um dem Feinde standzuhalten, und in dem jede zersetzende Tätigkeit schwerste Folgen nach sich ziehen kann, so muß jeder Milderungsgrund ausscheiden, auch der, daß der Angeklagte sich vor der Tat einwandfrei verhalten, als Soldat seine Pflicht getan und sich sogar ausgezeichnet hat.«

Das Urteil ist in seiner hasserfüllten Polemik und menschenfeindlichen Diktion ein Dokument für die Vernichtungswut des NS-Regimes gegen politisch Andersdenkende, zugleich auch dafür, dass die Justiz nur noch ausführendes Organ der Politik des Unrechtsstaates war. Angesichts der Exmatrikulation durch die Universität Hamburg, die der unehrenhaften Entfernung aus der Wehrmacht folgte, ist die Bemerkung über die dadurch erfolgte Begünstigung Leipelts im Urteil blanker Zynismus. Die Strafe war barbarisch, denn Hans Leipelt hatte außer dem Hören ausländischen Rundfunks, dem Verteilen von Flugblättern an einen sehr kleinen Adressatenkreis vor allem im Privaten seinen Hass gegen den Nationalsozialismus Ausdruck verliehen und von monströsen und unrealistischen Sabotageakten geträumt wie der Vergiftung des Hamburger Trinkwassers oder der Sprengung der Lombardsbrücke in der Hansestadt. Im privaten Kreis hatte er Mordphantasien gegen NS-Funktionäre geäußert und seine Überzeugung verkündet, dass die Sowjetunion den Krieg gewinnen werde und müsse. Hans Leipelt war noch keine 24 Jahre alt, als er am 29. Januar 1945 im Gefängnis München-Stadelheim hingerichtet wurde.

Marie-Luise Jahn gelang es, sich in Verhören und vor Gericht als dem Hauptangeklagten hörige Gefährtin ohne eigene Initiativen darzustellen. Das Gericht gewann »jedenfalls aus dem Gesamtverhalten der Angeklagten und insbesondere auch aus ihrem Auftreten in der Hauptverhandlung den Eindruck, daß sie so stark unter dem Einfluß Leipelts gestanden hat, daß sie lediglich, um ihm gefällig zu sein und sich seine Neigung zu erhalten, die ihr zur Last fallende Betätigung ausgeübt hat. Sie war sich zwar vollkommen klar darüber, daß Leipelt darauf ausging, unsere Wehrkraft zu zersetzen und auch sonst den Feinden in die Hand zu arbeiten, und sie wußte auch, daß sie ihn durch ihr Verhalten darin unterstütze und förderte. Obwohl sie nun selbst gar nicht staatsfeindlich eingestellt war, brachte sie doch nicht die Kraft auf, Leipelt insoweit entgegenzutreten, weil sie ihn dadurch zu verlieren befürchtete. Der Senat hat sie daher der Beihilfe zu dem von Leipelt begangenen Verbrechen der Wehrkraftzersetzung und Feindbegünstigung für schuldig erachtet.«

Der Volksgerichtshof verhängte gegen sie statt der beantragten Todesstrafe zwölf Jahre Zuchthaus, weil sie »als Vertraute Leipelts diesen in seinem hoch- und landesverräterischen Vorhaben bestärkt und unterstützt habe«. Höchst bemerkenswert ist das Verhalten von Heinrich Wieland, der es sich nicht nehmen ließ, nach Donauwörth zu reisen, um als Entlastungszeuge für seine Studenten vor dem Volksgerichtshof auszusagen. Auch für einen Nobelpreisträger war Zivilcourage nötig, um sich so gegen das Unrechtsregime zu positionieren, denn als Parteinahme wurde die nicht alltägliche Solidarität Wielands allemal gewertet. Negative Folgen hatte sie nicht für ihn – das zeigt den Spielraum für persönliches Engagement in der NS-Diktatur.

Nachhall in Hamburg

Ein »Hamburger Zweig der Weißen Rose«, in dem die Ziele und Bestrebungen der Geschwister Scholl und ihrer Freunde weiterlebten, worüber in vielen Darstellungen berichtet wird, hat nie, weder als Organisation noch als locker strukturierte Gemeinschaft, existiert. Mehrere voneinander unabhängige Kreise mit insgesamt etwa 30 Personen hatten allerdings Kenntnis von den Münchner Flugblättern, sympathisierten mit deren Urhebern, aber es gab kaum persönliche Verbindungen während der Existenz des Münchner Kreises. Die Hamburger waren allenfalls Epigonen, für den Argwohn der Gestapo und die Verfolgung bis zum Prozess und zur Verurteilung durch den Volksgerichtshof reichte das dem Regime jedoch ohne weiteres. Charakteristisch für die Hamburger Studenten war, dass es sich mehr um schöngeistige Diskussionsrunden, weniger um politisch engagierte Oppositionelle und schon gar nicht um zielgerichtete Widerstandsaktivitäten handelte. Die herausragende Person war der 1919 geborene Heinz Kucharski. Er hatte an der renommierten Lichtwark-Schule 1938 das Abitur abgelegt und studierte, 1941 unterbrochen durch einen aus gesundheitlichen Gründen nur zweimonatigen Militärdienst, Philosophie, Indologie und Völkerkunde. Er galt als der tonangebende Intellektuelle in seinem Umkreis, hatte aber nach Aussagen seiner Freunde charakterliche Defizite, und er bekannte sich als Kommunist.

Erheblichen Einfluss als Mentorin hatte Erna Stahl, die als junge Lehrerin an der Lichtwark-Schule unterrichtete und ihre Schüler für einen freiheitlichen Humanismus, für Kunst und Literatur begeisterte. Sie scharte auch außerhalb der Schule junge Menschen um sich zu gemeinsamer Lektüre und Diskussion literarischer, philosophischer und theologischer Themen.

Für alle Hamburger Kreise, deren einer sich »Musenkabinett«, ein anderer »Candidates of humanity« nannte, galt, dass ihre Mitglieder nicht unbedingt generell regimekritisch oder oppositionell eingestellt waren. Patriotismus hatte für sie große Bedeutung, und keineswegs hatten die jungen Leute, wie in älteren Darstellungen zu lesen ist, die Teilnahme an nationalsozialistischen Organisationen wie der Hitlerjugend oder dem Arbeitsdienst aus Überzeugung verweigert. Es waren normale, intelligente junge Menschen aus dem Bildungsbürgertum, die durch zufällige Kenntnis des einen oder anderen Flugblatts aus München hellhörig geworden waren.

Einer von ihnen war der Medizinstudent Albert Suhr, dessen Interessen mit der Bezeichnung seines Zirkels »Musenkabinett« charakterisiert sind. Die Buchhändlerin Hannelore Willbrandt gehörte dazu und, stärker oppositionell engagiert als die meisten, die Freundin Kucharskis, Margaretha Rothe, die wiederum mit Traute Lafrenz eng befreundet war. Traute Lafrenz, auch sie war eine ehemalige Schülerin der Lichtwark-Schule, studierte in München Medizin, war mit Sophie Scholl befreundet und der Familie nach einer Liebesbeziehung mit Hans Scholl verbunden. Sie war die Kontaktperson zwischen der Münchner Weißen Rose und Hamburger Freunden, ehe sie im April 1943 vom Volksgerichtshof als Mitwisserin zu einem Jahr Gefängnis verurteilt wurde. Bei Heinz Kucharski liefen die Fäden zusammen. Von Traute Lafrenz erhielt er Kenntnis über die Weiße Rose, sie hatte ihm auch eines der Flugblätter gegeben.

Nach dem Ende der Münchner Widerstandsgruppe war Hans Leipelt, der ja seine Jugend in Hamburg verbracht hatte und aus dieser Zeit mit Kucharski befreundet war, ein Vermittler. Ostern 1943 hatte Leipelt zusammen mit seiner Freundin Marie-Luise Jahn seine Mutter besucht und seiner Schwester das letzte, von Kurt Huber verfasste Flugblatt der Münchner gegeben. Im Mai oder Juni 1943 war Leipelt wieder in Hamburg. Unter dem Einfluss Kucharskis, der ihm auch in der Buchhandlung von Felix Jud den Erwerb kommunistischer Schriften ermöglichte, heckten die beiden Sabotagepläne aus, die das Regime empfindlich treffen und die Bevölkerung aufrütteln sollten. Sie dachten an die Vergiftung des Hamburger Trinkwassers und wollten die Lombardsbrücke in die Luft sprengen. Leipelt bemühte sich tatsächlich, aber ohne Erfolg, den erforderlichen Sprengstoff in München zu besorgen. Für Kucharski waren die Pläne wohl nicht mehr als Phantasien, denn er war, wie auch seine Freunde, nicht einmal vom Nutzen des Verbreitens von Flugblättern gegen das NS-Regime überzeugt. Er wartete auf den natürlichen Untergang des Nationalsozialismus und die dann nach seiner Meinung anbrechende kommunistisch-revolutionäre Zeit.

Den Hamburger Sympathisanten der Weißen Rose waren nur wenige Aktivitäten anzulasten. Ein paar Flugblätter, ein Gedicht von Erich Kästner, einen Text von Thomas Mann, von den Alliierten aus der Luft abgeworfene Schriften hatten sie in wenigen Exemplaren verbreitet, ja eigentlich nur besessen und zur Kenntnis genommen. Aber das genügte zu ihrer Verfolgung, die im Sommer 1943 mit Verhaftungen und Gestapoverhören begann. Am 17. April 1945 standen vier Angeklagte vor dem Volksgerichtshof. Kucharski war der Hauptbeschuldigte, er wurde zum Tod verurteilt, konnte aber während eines britischen Angriffs aus dem Gefängnis entfliehen. In Stendal warteten sechs weitere Angeklagte, unter ihnen der Medizinstudent Albert Suhr vom »Musenkabinett«, auf ihren Prozess. Der kam nicht mehr zustande, weil das Dritte Reich zusammenbrach.

Chronik

1933

30. Januar Mit der Ernennung Adolf Hitlers zum Reichskanzler erhalten die rechtsextreme NSDAP und die konservative Deutschnationale Volkspartei die Macht im Deutschen Reich.

1934

24. April Der Volksgerichtshof wird als Sondergericht zur Aburteilung von Hoch- und Landesverrat, später auch von Feindbegünstigung, Spionage und Wehrkraftzersetzung errichtet. Der VGH urteilte in erster und letzter Instanz, Rechtsmittel waren nicht zulässig. Der Vernichtungswille gegenüber Widerstandskämpfern u.a. Opposition kam durch insgesamt ca. 5200 Todesurteile zum Ausdruck.

30. Juni Entmachtung der SA durch Hitler (»Röhmputsch«) zur Beseitigung innerparteilicher Opposition. Konsolidierung des NS-Regimes.

2. August Nach dem Tod von Reichspräsident Hindenburg werden die Funktionen des Staatsoberhaupts mit denen des Reichskanzlers vereinigt. Deutschland ist durch das unwidersprochene Auftreten Hitlers als »oberster Gerichtsherr«, der die Morde des 30. Juni befahl, durch die Entmachtung des Reichstags und durch die Vereinigung der beiden höchsten Staatsämter eine Diktatur unter dem »Führer« Adolf Hitler und kein Rechtsstaat mehr.

1939

1. September Der von Hitler befohlene deutsche Angriff auf Polen löst den Zweiten Weltkrieg aus.

8. November Attentat Georg Elsers im Münchner Bürgerbräu-Keller. Hitler entgeht dem Anschlag durch vorzeitige Abreise.

1940

22. Juni Mit dem Sieg über Frankreich, zelebriert mit der Zeremonie im Wald von Compiègne, erreicht Hitler den Zenit der Zustimmung und Publikumsgunst als »Führer« und »Größter Feldherr aller Zeiten«.

1941

22. Juni Überfall auf die Sowjetunion

11. Dezember Deutsche Kriegserklärung an die USA

1942

27. Juni – 12. Juli Die ersten drei »Flugblätter der Weißen Rose« (jeweils ca. 100 Exemplare) im Raum München verteilt

11. Juli – 20. Juli Viertes der »Flugblätter der Weißen Rose« (ca. 100 Exemplare, Raum München)

22. November 6. deutsche Armee (ca. 250000 Mann) im Raum Stalingrad eingeschlossen

Attentat *Verhaftung*

Verteilung der Flugblätter *Hinrichtung*

43

25. Januar – 18. Februar »Aufruf an alle Deutsche! (Flugblätter der Widerstandsbewegung in Deutschland)«, 10000–12000 Exemplare, verteilt in München, Augsburg, Salzburg, Wien, Linz, Stuttgart, Frankfurt am Main

31. Januar/1. Februar Kapitulation der 6. Armee in Stalingrad. Etwa 150000 deutsche Soldaten waren gefallen, etwa 100000 gingen in sowjetische Kriegsgefangenschaft

15. Februar – 18. Februar »Kommilitoninnen! Kommilitonen!« 6. und letztes Flugblatt der Weißen Rose, 3000 Exemplare, insbesondere in der Universität München verteilt

Verhaftung von Hans und Sophie Scholl und Willi Graf

18. Februar Goebbels verkündet im Sportpalast den »totalen Krieg«: Höhepunkt der Propagandaaktion, die den Stalingrad-Schock zur Mobilisierung aller Anstrengungen für den »Endsieg« ausnützen wollte.

19. Februar Verhaftung von Christoph Probst

22. Februar Urteil des Volksgerichtshofes gegen Hans Scholl, Sophie Scholl und Christoph Probst

22. Februar Hinrichtung von Hans und Sophie Scholl und Christoph Probst

24. Februar Verhaftung von Alexander Schmorell

27. Februar Verhaftung von Kurt Huber

19. April Urteil des Volksgerichtshofes: Alexander Schmorell, Kurt Huber, Willi Graf werden zum Tod verurteilt.

13. Juli Hinrichtung von Alexander Schmorell und Kurt Huber

12. Oktober Hinrichtung von Willi Graf

1944

20. Juli Attentat des Grafen Stauffenberg im Führerhauptquartier »Wolfsschanze« bei Rastenburg in Ostpreußen. Hitler bleibt am Leben und nimmt Rache an der Militäropposition.

1945

8. Mai Bedingungslose Kapitulation. Nach der militärischen Niederlage endet die staatliche Existenz, Deutschland wird in vier Besatzungszonen geteilt, verliert seine Ostgebiete, 12 Millionen Deutsche werden heimatlos.

Ist die Weiße Rose gescheitert?

Thomas Mann, der prominenteste deutsche Schriftsteller im Exil, gedachte in seiner BBC-Sendung *Deutsche Hörer!* am 27. Juni 1943 des Widerstands der Weißen Rose mit großem Pathos. Das Nationalkomitee Freies Deutschland, die aus der Sowjetunion operierende Widerstandsorganisation deutscher Kriegsgefangener, pries in einem Flugblatt die Münchner Studenten als Helden, die »starben, doch ihr Geist, ihre Liebe und ihr Haß, ihr Kampf für Frieden und Freiheit Deutschlands leben in Hunderttausenden und Millionen junger deutscher Herzen weiter«. Das war eine Illusion, wie auch der millionenfache Abwurf des sechsten Flugblatts der Münchner Studenten *Aufruf an alle Deutsche!* im Juli 1943 durch die britische Luftwaffe über dem Ruhrgebiet und vielen deutschen Großstädten keinen Keil zwischen die Bevölkerung und das NS-Regime trieb. Die psychologische Kriegführung der Alliierten hatte vergeblich auf die Wirkung des Aufrufs gesetzt, von dem einzelne Exemplare den Weg ins Ausland gefunden hatten. Das Fanal, das die Geschwister Scholl und ihre Freunde im Februar 1943 mit den Parolen gegen Hitler an Fassaden und der Flugblattaktion in der Universität setzen wollte, verhallte ohne Resonanz im Publikum.

Deshalb ist der Widerstand der wenigen Akademiker in München aber keineswegs vergeblich gewesen. Eine Darstellung, die erste Korrekturen an den Huldigungen der frühen Nachkriegsjahre erbrachte, führte sogar das Scheitern im Untertitel. Die Wirkung der Weißen Rose stellte sich jedoch erst nach dem Untergang des NS-Regimes ein. Sie bestand auch darin, daß sich wenigstens einige gefunden hatten, die sich gegen das institutionalisierte Unrecht, gegen die Barbarei der Herrenmenschen-Ideologie aufgebäumt hatten, die nicht der Eroberungslust und kurzem Siegestaumel verfallen blieben.

Der Freundeskreis Weiße Rose war nach dem Ende des NS-Regimes herzeigbar geworden, er wurde stellvertretend in Anspruch genommen für eine Haltung, die als moralischer Anspruch, als Ziel politischer Bildung, als humanistischer Imperativ gültig wurde. Die jungen Leute aus gutem Hause, die eher konservativ und bürgerlich als revolutionär, zudem im Christentum tief verankert waren, eigneten sich besser als der späte Widerstand militärischer Eliten um Graf Stauffenberg, besser als die zögerliche Konspiration der Männer um Carl Goerdeler oder des Kreisauer Kreises als Vorbilder in der jungen Bundesrepublik Konrad Adenauers. Sie hatten dabei auch die Funktion des Gegenbildes gegen den kommunistischen Widerstand, der in der DDR leitmotivisch Legitimationsfunktionen erfüllte. Zur Sinnstiftung in der jungen westlichen Demokratie waren die christlichen Geschwister Scholl so notwendig und willkommen wie die kommunistische Herbert-Baum-Gruppe im Osten. Die Männer des 20. Juli waren lange Zeit nicht so gut vermittelbar, und Georg Elser, der im Alleingang schon 1939 Hitler hatte beseitigen wollen und darüber spät zum Idol wurde, war in den ersten Jahrzehnten nach 1945 vergessen oder gar unbekannt.

Das Denkmal für die Weiße Rose, das die Schwester von Hans und Sophie Scholl unmittelbar nach dem Ende der NS-Herrschaft zu bauen begann, mit Büchern und Vorträgen, mit Gedenkveranstaltungen und Institutionen wie der Volkshochschule in Ulm und der Hochschule für Gestaltung, getragen von der Stiftung, die Inge Scholl und Otl Aicher zur Erinnerung an die studentischen Widerstandskämpfer gegründet hatten, ist längst errichtet als wesentliches Element der Erinnerungskultur. Schulen tragen die Namen von Hans und Sophie Scholl oder ihren Freunden. Die beiden Rondells an der Münchner Ludwigstraße, die den noblen klassizistischen Gebäuden der Universität vorgelagert sind, heißen »Geschwister-Scholl-Platz« und »Kurt-Huber-Platz«, damit gibt die Weiße Rose der Ludwig-Maximilians-Universität die Adresse. Im Lichthof des Hauptgebäudes informiert eine Ausstellung in der 1997 eingerichteten »DenkStätte Weiße Rose«. Eine Gedächtnisvorlesung erinnert jährlich feierlich an den Widerstand der Studenten, der einst von den akademischen Gremien mit so großem Abscheu verdammt wurde. Im Frühjahr 2017 erschien, das erinnerungspolitische Engagement der Universität ebenso beweisend wie gelehrtem Bemühen um dessen Dokumentation verpflichtet, eine wissenschaftliche Arbeit über die *Gedenkveranstaltungen für die Weiße Rose an der Ludwig-Maximilians-Universität München von 1945 bis 1968.*

Der Börsenverein des Deutschen Buchhandels und die Landeshauptstadt München stifteten gemeinsam den Geschwister-Scholl-Preis, der 1980 zum ersten Mal verliehen wurde. Er wird vergeben für ein Buch, »das geeignet ist, bürgerliche Freiheit, moralischen, intellektuellen und ästhetischen Mut zu fördern und dem verantwortungsvollen Gegenwartsbewußtsein wichtige Impulse zu geben«. Nicht nur die Historiker haben sich der Geschwister Scholl und der Weißen Rose angenommen. Die Studenten leben in Büchern und auf dem Theater weiter. Zwei Spielfilme sind ihnen gewidmet. Michael Verhoeven brachte 1982 *Die Weiße Rose* auf die Leinwand, 2004 hatte der Film von Marc Rothemund über die letzten Tage der Sophie Scholl (gespielt von Julia Jentsch) Premiere. 2009 hatten Weggefährten und Zeitzeugen ihren Auftritt in dem Dokumentarfilm von Katrin Seybold *Die Widerständigen. Zeugen der Weißen Rose.*

Nur etwa 7000 Menschen, die Widerstand gegen den Nationalsozialismus geleistet haben, sind namentlich bekannt. Die Prominenten finden sich in Geschichtsbüchern, die Namen anderer stehen auf Gedenktafeln und sind vielleicht im lokalen Umkreis noch in Erinnerung, viele sind längst vergessen, die meisten waren nie populär oder wenigstens allgemein bekannt. Und nicht jede Verweigerung gegenüber dem Nationalsozialismus war auch Widerstand. Die Bezeichnung »Widerstand« fasst als Oberbegriff verschiedenartige Einstellungen, Haltungen und Handlungen zusammen, die gegen den Nationalsozialismus als Ideologie und praktizierte Herrschaft gerichtet waren. Im weitesten Sinn sind darunter sogar die ins Exil geflohenen Antifaschisten zu sehen, die wenig oder gar keine Möglichkeit hatten, etwas ähnlich Entscheidendes gegen die Regierung Hitlers zu unternehmen wie die Männer, die das Attentat des 20. Juli 1944 versuchten. Zum Widerstand rechnet man damit auch diejenigen, die sich weder durch Lockung noch durch Zwang vom Nationalsozialismus vereinnahmen ließen; die ihre geistige Unabhängigkeit, ihre demokratische oder rechtsstaatliche Überzeugung, die Werte und Normen ihres Milieus – etwa im Rahmen der Arbeiterbewegung oder innerhalb kirchlicher und sonstiger religiöser und weltanschaulicher Bindung – bewahrten. Widerständig verhielten sich in diesem Sinne auch Deserteure, die nicht länger in Hitlers Armeen kämpfen wollten, und Widerstand war es auch, Verfolgten des Regimes zu helfen, etwa Juden zu verstecken oder Zwangsarbeitern Menschlichkeit zu erweisen.

Im eigentlichen Sinne von Widerstand ist aber zwischen kritischen bis abweisenden Haltungen der Verweigerung und Selbstbehauptung einerseits und bewussten Anstrengungen zur Änderung der Verhältnisse andererseits zu unterscheiden. Opposition gegen das Unrechtsregime war noch nicht gleichbedeutend mit persönlichem Einsatz und den damit verbundenen Gefährdungen. Diesen setzte sich jeder aus, der mit Flugblättern, Wandparolen, als Kurier zu Regimegegnern im Ausland aktiv war oder einem Verschwörerkreis angehörte, in dem der Sturz der Diktatur und eine neue Staats- und Gesellschaftsordnung geplant wurden. Verweigerung (als persönliche Abwehr von Herrschaftsanspruch und Selbstbehauptung von Gruppen), Opposition (als Haltung grundsätzlicher Gegnerschaft) und Widerstand als bewusstes Handeln waren Formen kritischer und gegnerischer Einstellung zum NS-Regime. Sie bauten aufeinander auf und steigerten sich von der passiven Abwehr zum aktiv verwirklichten Wunsch nach Veränderung der Staats- und Gesellschaftsordnung.

Um der damaligen Wirklichkeit zu entsprechen und um den verschiedenen Formen von Opposition gerecht zu werden, ist Widerstand nicht nur als Haltung zu definieren, sondern als Handeln, das auf grundsätzlicher Ablehnung des Nationalsozialismus beruhte, das aus ethischen, politischen, religiösen, sozialen oder individuellen Motiven darauf abzielte, zum Ende des NS-Regimes beizutragen. Damit war Widerstand jede Anstrengung, sich dem NS-Regime zu widersetzen und die damit verbundene Gefahr auf sich zu nehmen.

Die Studenten der Weißen Rose wurden nach dem Untergang des nationalsozialistischen Staates zum Mythos. Das erklärt sich nicht nur daraus, dass das Nachkriegsdeutschland so arm an positiven Traditionen war. Zwölf Jahre NS-Herrschaft hatten auch die sinnstiftenden Erinnerungen an frühere deutsche Geschichte bestätigt. »Widerstand« war das Zauberwort, das – nach anfänglicher Reserve und anhaltender Skepsis im Publikum (das sich einredete, man habe doch nichts machen können gegen das diktatorische Regime) – neue Tradition begründen half und unter diametralen Vorzeichen in Ost und West instrumentalisiert wurde. Zu den Legitimierungsmythen der DDR gehörte der kommunistische Widerstand, die Gedenkrituale der Bundesrepublik blieben lange auf den 20. Juli 1944 fixiert.

Die Studenten der Weißen Rose ließen sich nicht vereinnahmen, denn ihr Widerstand war keiner Ideologie dienstbar gewesen, sie hatten sich ausschließlich an der Freiheit des Individuums orientiert, hatten Solidarität ohne Eigennutz den Verfolgten – auch den Juden – gegenüber gefordert und die Verantwortung des Einzelnen betont: »Wenn jeder wartet, bis der Andere anfängt, werden die Boten der rächenden Nemesis unaufhaltsam näher und näher rücken, dann wird auch das letzte Opfer sinnlos in den Rachen des unersättlichen Dämons geworfen sein.« (Zweites Flugblatt der Weißen Rose)

Im letzten Flugblatt, jenem, das noch nach dem Tod der Geschwister Scholl und ihrer Freunde Alexander Schmorell, Christoph Probst und Willi Graf kursierte, für dessen Verbreitung Hans Leipelt im Januar 1945 hingerichtet wurde, heißt es: »Im Namen der ganzen deutschen Jugend fordern wir von dem

Staat Adolf Hitlers die persönliche Freiheit, das kostbarste Gut des Deutschen zurück, um das er uns in der erbärmlichsten Weise betrogen hat.«

Das war Widerstand in seiner reinen Form.

Lektüretipps

Aicher-Scholl, Inge (Hrsg.): Sippenhaft. Nachrichten und Botschaften der Familie in der Gestapo-Haft nach der Hinrichtung von Hans und Sophie Scholl. Frankfurt a. M. 1993.

Benz, Wolfgang: Der deutsche Widerstand gegen Hitler. München 2014.

Beuys, Barbara: Sophie Scholl. Biografie. München 2010.

Chaussy, Ulrich / Ueberschär, Gerd R.: »Es lebe die Freiheit!« Die Geschichte der Weißen Rose und ihrer Mitglieder in Dokumenten und Berichten. Frankfurt a. M. 2013.

Ellermeier, Barbara: Hans Scholl. Biographie. Hamburg 2012.

Fürst-Ramdohr, Lilo: Freundschaften der Weißen Rose. München 1995.

Goergen, Peter: Willi Graf – Ein Weg in den Widerstand. St. Ingbert 2009.

Jens, Inge (Hrsg.): Hans und Sophie Scholl. Briefe und Aufzeichnungen. Frankfurt a. M. 1984.

Kißener, Michael / Schäfers, Bernhard: »Weitertragen« – Studien zur Weißen Rose. Festschrift für Anneliese Knoop-Graf zum 80. Geburtstag. Konstanz 2001.

Knoop-Graf, Anneliese / Jens, Inge (Hrsg.): Willi Graf. Briefe und Aufzeichnungen. Frankfurt a. M. 1988.

Moll, Christiane (Hrsg.): Alexander Schmorell, Christoph Probst. Gesammelte Briefe. Berlin 2011.

Petry, Christian: Studenten aufs Schafott. Die Weiße Rose und ihr Scheitern. München 1968.

Schneider, Michael C. / Süß, Winfried: Keine Volksgenossen. Studentischer Widerstand der Weißen Rose. München 1993.

Scholl, Inge: Die Weiße Rose. Frankfurt a. M. 1952. [Erweiterte Neuausgabe. Frankfurt a. M. 1982. [15]2013.]

Schultze-Jahn, Marie-Luise: »... und ihr Geist lebt trotzdem weiter!« Widerstand im Zeichen der Weißen Rose. Berlin 2003.

Zankel, Sönke: Mit Flugblättern gegen Hitler. Der Widerstandskreis um Hans und Sophie Scholl und Alexander Schmorell. Köln 2008.

Filme

Die Widerständigen. Zeugen der Weißen Rose. Dokumentarfilm von Katrin Seybold. Basis-Film Verleih. Berlin 2009.

Die weiße Rose. Film von Michael Verhoeven. Deutschland 1982. Sentana Filmproduktion GmbH (München) / CCC Filmkunst GmbH (Berlin) / Hessischer Rundfunk (HR) (Frankfurt am Main).

Sophie Scholl – Die letzten Tage. Film von Marc Rothemund. Goldkind Film / Broth Film. München 2004.